APRENDE COMO EINSTEIN: TÉCNICAS DE APRENDIZAJE ACELERADO Y LECTURA EFECTIVA PARA PENSAR COMO UN GENIO

MEMORIZA MÁS, ENFÓCATE MEJOR Y LEE EFECTIVAMENTE PARA APRENDER CUALQUIER COSA

STEVE ALLEN

Edición 1.0 – Enero, 2017

Publicado por Steve Allen en CreateSpace

ISBN: 978-1975846701

Copyright © 2017 por Steve Allen

Descubra otros títulos del autor en www.amazon.com/author/pnl

Todos los derechos reservados, incluyendo los derechos de reproducción total o parcial en cualquier forma.

Imagen de la portada utilizada con licencia Shutterstock.com

ÍNDICE

Cómo leer este libro   v
Introducción   vii

1. La mentalidad de un genio   1
2. Modos de pensamiento   9
3. Un vistazo a tu cerebro   16
4. La memoria   20
5. Fragmentación   32
6. Técnicas de aprendizaje acelerado   43
7. Cómo optimizar tu cerebro   49
8. Destruyendo mitos   55
9. Lectura eficiente   64
10. La mejor manera de convertirse en un experto   71
11. Resumen   74
12. Conclusión   77

Acerca del Autor   79

CÓMO LEER ESTE LIBRO

Este libro ha sido diseñado para ser una herramienta práctica con técnicas aplicables inmediatamente. Sin embargo, ha sido necesario comenzar con algunos capítulos teóricos sobre el funcionamiento del cerebro y de la memoria, a pesar de que me he esforzado en reducirlos al mínimo para mantener la esencia de un breve y práctico.

Te recomiendo que leas cada capítulo en el orden que se presenta, y resistas la tentación de saltarte información, ya que estoy seguro que en cada uno encontrarás una pepita de sabiduría que marcará positivamente tu aproximación y tu viaje hacia la adopción de la mentalidad de un genio.

¡Nos vemos al final del libro!

INTRODUCCIÓN

Cuando era más joven, nunca fui sobresaliente en mis clases. No sabía cómo estudiar o aprender. Esperaba hasta la última noche para meter en mi cerebro toda la información antes de dar un examen que había sido programado hace meses. Era pésimo tomando notas y confiaba en mis amigos para ayudarme. En resumen, era un estudiante francamente malo. Simplemente no me importaba aprender y preferiría pasar el tiempo haciendo otra cosa.

Sin embargo, algo sucedió en la universidad que cambiaría mi mundo para siempre. Quise impresionar a una chica de mi clase. Esta es una motivación noble y poderosa que puede ser el propulsor para muchos cambios en la vida de un hombre joven. Tuve la suerte de sentarme directamente detrás de ella y resulta que constantemente se volteaba y me pedía ayuda. Sin embargo, al principio mi ánimo se fue al piso porque me di cuenta de que no tenía idea cómo responder a sus preguntas. ¿Y si ella empezaba a preguntar a los otros chicos? ¡No quería eso!

Con eso en mente, comencé a estudiar y aprender para que ella tuviera razones para seguir volteándose a hablar conmigo. Es increíble lo que puedes hacer cuando tienes la motivación adecuada para ello. Comencé a utilizar un conjunto masivo de técnicas de memorización y de aprendizaje. Finalmente aprobé el curso con una de mis mejores calificaciones en mi carrera académica, aunque nunca llegué a ninguna parte con ella.

Aun así, descubrí que cuando tienes una meta o un propósito en mente, puedes lograr mucho más de lo que crees. Sin embargo, la mayoría de las veces no tenemos este tipo de motivación. La mayoría de las cosas que aprendemos o estudiamos son por obligación y no es un placer aprender. Pero aquí estás otra vez, frente a un libro intentando aprender más sobre un tema específico.

Ya sea para tu trabajo o simplemente por conocimiento en general, puede ser realmente difícil absorber y mantener nuevos conocimientos en tu cabeza cuando ya estás tratando de mantener el resto de tu vida en orden. En algún momento de la vida el aprendizaje deja de parecer algo fácil. Pero no te desanimes, esto ha ocurrido porque has aprendido sólo por instinto y en este libro lo solucionaremos.

La clave está en aprender a aprender. Hay un arte en esto, y cuando seas capaz de dominarlo tendrás una habilidad que durará toda la vida. Mucha gente no se da cuenta de que tiene la habilidad de aprender y de ser inteligente. Piensan que es algo con lo que se nace o no, pero eso no podría estar más lejos de la verdad, y tú también puedes aprender a aprender como un genio.

Este libro está diseñado para ti. Contiene una colección de técnicas de aprendizaje garantizadas para que retengas más información y aprendas más rápido, incluso si se trata de un tema que no te apasiona.

Aprender a aprender es una de las habilidades más valiosas que puedes desarrollar, es la raíz del éxito en lo académico, en los negocios, en el liderazgo, en las relaciones personales y en todas las áreas de la vida. No es una sorpresa que las personas más exitosas del mundo lo declaren así, pero lo que sí es una sorpresa es que los métodos para pensar con claridad y aprender con eficiencia se pueden enseñar y se pueden aprender.

Nuestro cerebro tiene capacidades sorprendentes, pero lamentablemente no viene con un manual de instrucciones. Mi objetivo en este libro es enseñarte a usar tu cerebro para que te conviertas en un mejor aprendiz. Lo que aprenderás está basado en sólidas investigaciones de la neurociencia moderna, de la psicología cognitiva y también se basa en la experiencia de docenas de profesionales líderes en técnicas de aprendizaje acelerado.

Ya seas novato o experto, en este libro encontrarás nuevas herramientas para mejorar tus habilidades y técnicas para aprender.

Te ayudaré a transformar la manera como piensas sobre el proceso del aprendizaje, a reducir tu frustración y a aumentar tu comprensión y retención de la información. Para leer este libro no necesitas tener conocimientos profundos sobre ningún tema en particular. Sólo tienes que tomar estas técnicas y aplicarlas inmediatamente.

Bienvenido a este apasionante viaje de autodescubrimiento. ¡Comencemos!

Capítulo 1

LA MENTALIDAD DE UN GENIO

Quiero que cierres los ojos por un minuto e imagines un genio. Piensa en quién viene a tu mente y observa las cosas adicionales que aparecen en tu mente cuando piensas en esa persona. Probablemente pensarás en alguien como Albert Einstein o Stephen Hawking.

Echemos un vistazo un poco más profundo. ¿Qué es lo que estás pensando sobre esa persona? ¿Piensas en esa persona como un maestro? ¿Cómo un científico? ¿O tal vez te fijas en su apariencia extravagante?

Pero, ¿Pensaste en esa persona como un estudiante que necesita aprender? Probablemente no. Cuando pensamos en un *"genio"*, muchos asumimos que es una persona inteligente y capaz que ya sabe lo todo lo que está pasando en el mundo y lo que tiene que hacer. Pocos pensamos en un genio como una persona que necesita aprender, o que está tratando de aprender algo nuevo.

Necesito que elimines ese prejuicio de tu cabeza. Un genio, o la mentalidad de un genio, no necesita saber todo. De hecho, no necesitas saber nada para tener la mentalidad de un genio. Un genio no tiene nada que ver con el conocimiento, sino que su principal característica es la *capacidad de aprender*, y eso es lo que aprenderás a desarrollar en los siguientes capítulos.

Para permitir que tu mentalidad evolucione necesitas olvidar todo lo que sabes sobre aprender y debes abrazar una nueva forma de hacer las cosas. Nunca asumas que hay una única manera de aprender, y no te aferres a los patrones de aprendizaje que has estado utilizando hasta este momento. Probablemente esos métodos te funcionaron en el pasado, pero no te están dando los resultados que deseas en este momento.

En este libro la palabra más importante es *"mentalidad"*, y comenzaremos hablando de un concepto llamado *"mentalidad de crecimiento"*. La investigadora Carol Dweck ha realizado multitud de investigaciones sobre el tema, y encontró que las personas tienen una mentalidad de crecimiento o una mentalidad fija.

Las personas con mentalidad fija creen que la inteligencia y la capacidad de aprendizaje son innatas, fijas y que están determinadas por la genética. Por otro lado, las personas con mentalidad de crecimiento creen que la inteligencia y la capacidad de aprendizaje son el resultado del esfuerzo y el trabajo duro. Esta es una extensión del mito que discutiremos más adelante sobre la noción de que tienes un límite genético para tus habilidades.

En estudios posteriores, Dweck encontró que las personas con mentalidad fija tendían a aprender mucho peor que las personas con mentalidad de crecimiento, porque creían que si no eran inmediatamente proficientes en algo, significaba que estaban genéticamente destinadas a ser malas. Para las personas de mentalidad fija el éxito es una señal de dónde deben concentrar sus esfuerzos, y el fracaso es un signo de algo que deben evitar, ya que no creen que puedan mejorar. Por otro lado, las personas con mentalidad de crecimiento abordan los temas nuevos con una expectativa de lucha y desafío, y saben por sus experiencias pasadas que el trabajo duro puede ayudarles a superar lo que al principio parece imposible. La mentalidad de crecimiento genera la creencia optimista de que puedes lograr casi cualquier cosa si inviertes el suficiente trabajo y tiempo.

La importancia de la pirámide del aprendizaje

Una de las claves para el aprendizaje es comprender la pirámide del aprendizaje. Muchas personas han cuestionado la exactitud de la pirámide, pero yo diría que no debe ser tomada como un número exacto, sino como una guía que demuestra que lo que realmente importa. La pirámide es la siguiente:

- Retienes el 5% de la información cuando escuchas una conferencia.
- Retienes el 10% cuando lees.
- Retienes el 20% de mediante el procesamiento audiovisual.
- Retienes el 30% cuando te demuestran algo.
- Retienes el 50% mediante la discusión en grupo.
- Retienes el 75% al hacer.
- Retienes el 90% al enseñar a otros.

Como puedes ver, los números exactos no son tan importantes y el orden puede diferir entre algunas personas, pero los extremos del espectro son absolutamente ciertos. Cuanto más proactivamente proceses y participes en el análisis de la información, mejor la conservarás y aprenderás. De igual forma, cuanto más pasivamente consumas la información sin un segundo procesamiento, menos conservarás y aprenderás.

Veamos un ejemplo. Si deseas aprender sobre la historia de la humanidad, es cierto que puedes aprender mucho al procesar pasivamente la información. Podrías tomar notas o ver un documental, y serías fácilmente considerado como alguien instruido en el tema. Sin embargo, imagina cuánto más aprenderías si diseccionaras y discutieras con otras personas la historia del imperio romano, la revolución industrial, o crearas un video para demostrar cómo Cristóbal Colon navegó a través del océano Atlántico. Imagina cómo mejoraría tu capacidad para revisar y analizar la información *"aprendida"* si permites que otras personas te hagan preguntas. Es un nivel muy diferente de aprendizaje el que se produce cuando *"te enrollas las mangas"* y realmente procesas un tema en comparación a simplemente leerlo.

2 Conceptos para dominar nuevas habilidades

A continuación, compartiré contigo dos conceptos que te proporcionarán muchos beneficios en tu camino hacia el dominio de cualquier habilidad, por lo que espero los mantengas siempre en mente al momento de aprender una nueva habilidad.

Concepto 1: Enfócate en el aprendizaje acelerado

El aprendizaje acelerado es una idea defendida por el autor, emprendedor y hacker de la vida Tim Ferriss. Este concepto desafía directamente muchas de las nociones preconcebidas que la gente tiene sobre la auto educación, como la cantidad de tiempo que se necesita para dominar una nueva habilidad y la dificultad para un adulto de dominar algo nuevo.

Comentario: Tim Ferriss es un destacado autor que se hizo conocido por su Podcast (una especie de programa radial por internet), en el cual entrevista a personas mundialmente destacadas en sus áreas de experiencia (inversiones, deportes, arte, negocios, etc.), intentando descomponer y extraer sus estrategias, técnicas, rutinas y herramientas.
Algunos de sus invitados incluyen a Arnold Schwarzenegger, Jamie Foxx, Tony Robbins, Maria Popova, Malcolm Gladwell, y más. Te recomiendo que lo escuches en *http://tim.blog/podcast,* aunque por el momento sólo se encuentra en inglés.

El concepto básico del aprendizaje acelerado es la regla 80/20, también conocida como el principio de Pareto, que establece que el 80% de las cosas que aprendemos provienen del 20% de nuestros esfuerzos. La clave para el aprendizaje acelerado consiste en identificar ese 20% de cualquier habilidad para trabajar exclusivamente en aquello, y aunque esto no te hará un experto de la habilidad, te hará mejor que la mayoría.

Para mostrar sus ideas sobre el aprendizaje acelerado, Ferris creó un programa en video en el que pone a prueba sus ideas sobre el aprendizaje acelerado en adultos en un entorno real. En algunos capítulos de su programa se desafía a sí mismo a aprender a tocar la batería, a aprender un nuevo idioma, a surfear grandes olas y a desarrollar otras actividades que se consideran habilidades difíciles para los adultos. Para hacer las cosas aún más difíciles, sólo se da un plazo de cinco días para dominar las habilidades. Finalmente, y para resumir, Tim logra el éxito en sus desafíos por varias razones:

- Obtiene instrucción de clase mundial de las mejores personas en cada disciplina.
- Al hablar con verdaderos maestros, puede definir ese 20% de información esencial que le ayudará a ser *"lo suficientemente bueno"*.
- Crea sistemas alrededor de ese 20% esencial para permitirle aprender tanto como sea posible en un bloque condensado de tiempo.
- Se sumerge en la formación durante una cantidad limitada de tiempo.
- Aprende lo que necesita aprender y nada más.

En el primer episodio aprendió a tocar batería. Aquí recibió instrucciones de Stewart Copeland, ex baterista de *"The Police."* Stewart enseñó a Tim sólo los conceptos básicos: cómo sostener las baquetas y cómo mantener el ritmo.

Tim no aprendió a leer partituras ni ninguna otra habilidad intermedia. En cambio, usó los conceptos básicos para saltar directo a la práctica y tocar una canción específica. Para su *"prueba"* final, tocó en un concierto en vivo con la banda de rock *"Foreigner."*

Esta es la fórmula que Tim usó para la mayoría de los desafíos de aprendizaje acelerado: ***"Domina los fundamentos básicos esenciales y luego salta directamente a la práctica de las habilidades esenciales."***.

Ahora, se podría argumentar que no domina realmente estas habilidades y que sólo aprende lo suficiente para sobrevivir. Pero como adultos, nuestro tiempo es limitado y para muchas destrezas eso puede ser todo lo que necesitamos: aprender.

Por lo tanto, la gran lección de esto es que cuando estás aprendiendo una nueva habilidad debes buscar aquellos atajos que generan los mejores resultados.

Concepto 2: Aprendizaje *"Justo a tiempo"*

Un concepto relacionado con el aprendizaje acelerado es algo llamado aprendizaje justo a tiempo. En pocas palabras, cada vez que desees aprender algo nuevo, debes prestar atención a la *única* información que se puede implementar de inmediato. Esto puede ser un desafío para muchos de nosotros, porque hemos sido adoctrinados con la idea de que necesitamos sentarnos durante horas a estudiar para aprender un concepto.

Un modelo mucho mejor es simplemente centrarse en lo que se necesita para dar el siguiente paso, implementar esa información, y luego aprender sobre el paso que viene después.

Por ejemplo, digamos que deseas iniciar un nuevo negocio. En lugar de tratar de aprender todo lo que está involucrado con la gestión de una empresa, cosas como las implicaciones fiscales, conseguir financiamiento o la estructura de empresa más conveniente, lo mejor es centrarse en el *primer paso* del proceso: cómo saber si tu idea de negocio será rentable. Todo lo demás lo ignorarás hasta que estés seguro de que sabes si el negocio será rentable.

No subestimes el poder del aprendizaje justo a tiempo. A medida que construyes una nueva habilidad, es tentador querer aprender todo lo que puedas, pero si eso es justamente lo que estás haciendo, no te estás dando la oportunidad de salir y probar las cosas que te proporcionarán experiencia práctica.

Veremos más aspectos del aprendizaje justo a tiempo a lo largo de libro, pero hasta entonces, ten en cuenta que es importante desglosar todas las habilidades en un proceso en el que te concentres en un único paso antes de intentar aprender sobre el siguiente.

En el próximo capítulo veremos los dos modos de pensamiento que tiene nuestro cerebro, la importancia del sueño en el aprendizaje y el principal problema de la concentración. Si bien, aún no llegamos a la parte práctica del libro, te recomiendo que leas el siguiente capítulo a consciencia, ya que sentará las bases para potenciar tu capacidad de aprendizaje.

Capítulo 2
MODOS DE PENSAMIENTO

Si entiendes a un nivel básico cómo funciona tu cerebro, podrás utilizar esa comprensión para aprender más fácilmente y con menos frustración. En este capítulo te enseñaré cómo funciona tu cerebro en relación al aprendizaje. Se ha descubierto que tenemos dos modos de pensamiento que son fundamentalmente diferentes, y se conocen como *"modo enfocado"* y *"modo difuso"*.

Por lo general, la mayoría estamos familiarizados con el modo enfocado. Este es el modo de pensamiento que usamos cuando intencionalmente nos concentramos en algo específico para aprenderlo o comprenderlo. Sin embargo, no estamos tan familiarizados con el pensamiento difuso, el cual es un estilo de pensamiento más relajado relacionado con un estado de descanso neural.

El modo de pensamiento enfocado es un modo de pensamiento que utiliza patrones y relaciones conocidas entre distintas ideas básicas. Es una especie de reacción en cadena en que un pensamiento enciende otro, hasta que ¡Boom! Logras resolver el problema que estás intentando solucionar o logras entender el concepto que estás intentando comprender, ya que encontraste que está relacionado con algo con lo que ya estás familiarizado. Es como si los pensamientos se movieran por una carretera neural bien pavimentada activándose uno tras otro hasta llegar a la solución.

Pero ¿Y si el problema en el que estás trabajando necesita ideas nuevas o enfoques que nunca antes has usado?

Cuando esto ocurre nuestros pensamientos se quedan sin una carretera neural por la que moverse. No tenemos un patrón. No sabemos cómo luce la solución y tampoco con qué relacionar las nuevas ideas para comprenderlas.

Entonces, ¿Cómo desarrollamos ese nuevo patrón de pensamiento?

Para llegar a este nuevo patrón usamos una forma de pensar especial representada por el modo difuso. En este caso tu pensamiento arranca y se mueve en distintas direcciones, rebotando, chocando con obstáculos, cambiando de dirección, y recorriendo un largo trecho hasta golpear con una pared para cambiar nuevamente de dirección. En este modo de pensamiento puedes ver las cosas desde una perspectiva mucho más amplia. Puedes hacer nuevas conexiones neuronales que recorren nuevos caminos. No puedes concentrarte tan fijamente como sueles hacerlo cuando entiendes los aspectos más sutiles de un concepto, pero puedes, al menos, comenzar a crear nuevos caminos que luego necesitarás para encontrar una solución mediante el modo de pensamiento enfocado.

Lamentablemente, tal como los neurocientíficos lo entienden hoy en día, no podemos estar en ambos modos de pensamiento al mismo tiempo. Sin embargo, a continuación, veremos cómo dos de las mentes más geniales de la historia usaban ambos modos de pensamiento para sus grandes *"creaciones"*.

Salvador Dalí

Salvador Dalí fue un pintor surrealista muy conocido del siglo XX. Es la clara definición de un personaje libre y loco que solía usar una técnica muy interesante que lo ayudaba a crear pinturas surrealistas sorprendentemente creativas. Dalí solía relajarse en una silla y dejar que su mente vagara al pensar en algo en lo que ya se había concentrado previamente. Solía tener una llave en su mano, moviéndola justo por encima del suelo. Cuando comenzaba a entrar en sus sueños, quedándose dormido, la llave se le caía de la mano y el ruido lo despertaba, justo a tiempo para que pudiese recoger esas conexiones e ideas difusas que estaban en su mente. Después regresaba al modo de concentración incorporando las nuevas conexiones que había hecho mientras estaba en el modo difuso.

Quizás pienses que eso está bien para un artista, pero ¿Cómo se relaciona esto con los procesos de pensamiento más *"científicos"*?

Thomas Edison

Hablemos entonces de Thomas Edison. Edison es uno de los inventores más prolíficos de la historia. Según la leyenda, lo que Edison solía hacer era sentarse y relajarse en su silla, sosteniendo rodamientos en su mano. Se relajaba liberando sus pensamientos y su mente, aunque a menudo terminaba pensando en lo mismo en lo que previamente había estado concentrado, pero más relajadamente. Cuando Edison se dormía, el rodamiento se caía y hacía ruido en el piso, tal como sucedía con Dalí. Esto lo despertaba y capturaba las ideas generadas en el modo difuso, llevándolas al modo concentrado y construyendo a partir de allí.

Entonces, una de las cosas que podemos aprender de estas mentes brillantes es que cuando estamos aprendiendo algo nuevo, especialmente algo difícil, nuestra mente necesita cambiar de un modo de aprendizaje a otro. Esto puede compararse a fortalecer tus músculos mediante el levantamiento de pesas. Nunca pensarías en participar en una competencia de levantamiento de pesas esperando justo hasta el día antes para comenzar a entrenar como un loco. Para fortalecer tu estructura muscular debes trabajar un poco cada día, permitiendo que tus músculos vayan creciendo. Igualmente, para construir una estructura neuronal, hay que trabajar un poco cada día, construyendo poco a poco una base de neuronas sobre las que ir construyendo nuevos pensamientos, un poco cada día. Ese es el truco de los momentos *"Eureka"*.

Personalmente no utilizo el método de Dalí o Edison, sino que descubrí que, en mi caso, trotar o ejercitarme al aire libre es un método maravilloso para desconectar la mente del tren normal de pensamiento, y se hace muy posible que aparezcan nuevos pensamientos y nuevas ideas. A menudo esas nuevas ideas son útiles más tarde, pero el único problema es que al momento que regreso y me doy una ducha, muchas ya se han evaporado. Por eso me gusta tener siempre conmigo algún medio para tomar notas, que por lo general es mi Smartphone.

La importancia del sueño en el aprendizaje

Estoy seguro que te sorprenderá saber que el solo hecho de estar despierto genera productos tóxicos en tu cerebro. Pero, ¿Cómo se deshace el cerebro de estos venenos?

Cuando dormimos nuestras células cerebrales se encogen. Esto provoca un aumento en el espacio que hay entre nuestras células cerebrales, lo que permite que los fluidos puedan fluir entre las células y llevarse las toxinas. El sueño, que a veces parecer ser una pérdida de tiempo, es en realidad la forma en que nuestro cerebro se mantiene limpio y saludable. Vayamos directo a la idea crítica. Las toxinas impiden que pensemos con claridad. Es como si intentáramos manejar un automóvil que tiene azúcar en el tanque de gasolina.

De hecho, dormir poco no sólo te produce problemas de concentración, sino que dormir poco durante mucho tiempo también se asocia a todo tipo de condiciones perjudiciales, incluyendo dolores de cabeza, depresión, enfermedades cardiacas, diabetes, e incluso una disminución de la esperanza de vida. Pero el sueño hace mucho más que sólo permitir que nuestro cerebro elimine las toxinas. De hecho, es parte importante del proceso de la memoria y del aprendizaje. Parece ser que es durante el sueño que nuestro cerebro pone en orden las ideas y conceptos que aprendemos. Borra las partes menos importantes de los recuerdos y al mismo tiempo fortalece las áreas que necesitamos o deseamos recordar. Durante el sueño, el cerebro también repite los patrones neurales para profundizarlos y fortalecerlos.

También se ha demostrado que el sueño hace una gran diferencia en nuestra capacidad para resolver problemas y para entender lo que estamos intentando aprender. Es como si la desactivación completa de nuestro yo consciente en la corteza prefrontal ayudara a otras áreas del cerebro a empezar a hablar más fácilmente entre sí, permitiéndoles generar una solución neural a nuestra tarea de aprendizaje mientras estamos durmiendo. Por supuesto, para hacer un uso efectivo del modo difuso, primero debemos plantar la semilla en nuestro cerebro usando el modo enfocado.

El principal problema de la concentración

Un accidente cerebrovascular puede causar una condición inusual conocida como trastorno perceptivo de amplia perspectiva del hemisferio derecho. Quienes tienen este desorden pueden funcionar, pero sólo parcialmente. Pueden retener su inteligencia, y hasta sus formidables destrezas para resolver problemas complejos de matemática, si es que tenían esas destrezas antes, pero un hecho interesante es que si cometen un error en sus cálculos y llegan a una conclusión que no tiene sentido, como que un puesto de perros calientes tiene una ganancia de un billón de dólares en un mes, eso no les molesta ni les llama la atención. No tienen una reacción ni una perspectiva que les diga que esa información no tiene sentido.

Muchas investigaciones sugieren que el hemisferio derecho nos ayuda a dar un paso atrás para poner nuestro trabajo en perspectiva y las personas que han sufrido daños en su hemisferio derecho con frecuencia no logran tener perspectiva. El hemisferio derecho es vitalmente importante para actuar de manera realista y las personas que han sufrido ataques cerebrovasculares nos recuerdan las consecuencias de no usar todas nuestras habilidades cognitivas en las que participan muchas áreas del cerebro. El sólo hecho de dejar de usar ligeramente alguna de nuestras habilidades puede tener un impacto sorprendentemente negativo en nuestro trabajo. De algún modo, cuando haces muy rápidamente una tarea y no te detienes a revisar tu trabajo, estás actuando un poco como alguien que se niega a utilizar partes de su cerebro y que no se detiene a revisar lo que ha hecho viéndolo en perspectiva a fin de verificar si tiene sentido.

Tal como señaló el eminente neurocientífico Vilayanur

S. Ramachandran, el hemisferio derecho sirve como una especie de abogado del diablo que cuestiona el status quo y busca inconsistencias globales, mientras que el hemisferio izquierdo, por el contrario, intenta aferrarse las cosas como estaban. Esto nos recuerda el trabajo del psicólogo Michael Gazzaniga, que propuso que el hemisferio izquierdo interpreta al mundo de acuerdo a nuestros deseos y hará inmensos esfuerzos para que esas interpretaciones no cambien.

Cuando trabajas en el modo enfocado, es fácil cometer errores menores que produzcan resultados sin sentido, pero que no te importan, porque el modo enfocado del hemisferio izquierdo tiene asociado un deseo a aferrarse a lo que has hecho. Ése es el problema con la concentración. A veces nos proporciona un enfoque analítico y optimista, a pesar de la abundancia de evidencias que sugieren que también hay un potencial para el egocentrismo.

Sin embargo, cuando eres consciente de este problema y das un paso atrás para revisar lo que has hecho, o lo que has aprendido, estás permitiendo que haya más interacción entre ambos hemisferios cerebrales, aprovechando así las perspectivas y destrezas especiales de cada uno.

En el próximo capítulo daremos un vistazo un poco más profundo al cerebro.

Capítulo 3
UN VISTAZO A TU CEREBRO

Demos un vistazo a tu cerebro. Si eres un adulto, tu cerebro pesa aproximadamente 1,4 kilogramos, pero consume 10 veces más energía por peso que el resto del cuerpo. Es un órgano muy costoso y es el dispositivo más complejo que existe en el universo conocido. Todos tus pensamientos, esperanzas y miedos viven en las neuronas de tu cerebro.

Ha sido una sorpresa descubrir que lo que hacemos tan bien y asumimos como funciones básicas, como ver, escuchar, alcanzar cosas o correr, son problemas mucho más complejos de lo que pensábamos y ni siquiera las computadoras de mayor capacidad del mundo lo pueden realizar a nuestro nivel.

Los cerebros evolucionaron para ayudarnos a navegar en ambientes complejos y la mayor parte del trabajo se realiza por debajo de nuestro nivel de conciencia. En la actualidad sólo conocemos una fracción muy pequeña de toda la actividad que ocurre en el cerebro, pero mediante técnicas de imagenología cerebral sabemos que existen miles de billones de sinapsis (conexiones entre neuronas) en nuestro cerebro, donde se almacenan los recuerdos. Antiguamente se creía que después de que el cerebro maduraba, la intensidad y la cantidad de las sinapsis no cambiaba mucho a lo largo de la vida, a menos que existiera daño cerebral. Sin embargo, ahora sabemos que la conectividad cerebral es dinámica durante toda la vida y con las nuevas técnicas ópticas hemos logrado ver que hay una rotación constante de sinapsis, es decir, a medida que nuevas conexiones se forman, otras desaparecen (y vice versa). Esto ilustra que hoy no eres la misma persona que eras ayer. Es decir, nos acostamos con un cerebro y nos levantamos con uno actualizado.

Esto nos plantea un enigma: Con tanta rotación neuronal, ¿Cómo permanecen estables los recuerdos durante tantos años? Descubriremos esta respuesta en el siguiente capítulo sobre la memoria, pero antes aprenderemos qué son los neuromoduladores.

Motivación y neuromoduladores

La mayoría de las neuronas que están en tu corteza cerebral llevan información sobre lo que está sucediendo a tu alrededor y sobre lo que estás haciendo. Tu cerebro también tiene un conjunto de sistemas de neuromoduladores que llevan información no sobre el contenido de una experiencia, sino sobre su importancia y su valor para tu futuro. Los neuromoduladores son químicos que influyen en cómo una neurona responde a otras neuronas. En este capítulo hablaremos de tres de ellas: Acetilcolina, dopamina y serotonina.

Las neuronas de acetilcolina forman conexiones neuromodulatorias que son muy importantes para el aprendizaje enfocado, es decir, cuando estás prestando toda tu atención. Estas neuronas de acetilcolina se proyectan ampliamente y activan circuitos que controlan la plasticidad sináptica, lo que conduce a la creación de nuevos recuerdos a largo plazo.

Los neuromoduladores también tienen un profundo impacto sobre tu mente subconsciente. Uno de los grandes descubrimientos que se han realizado sobre el cerebro fue que a nuestra motivación la controla una sustancia química llamada dopamina, que se encuentra en un pequeño conjunto de neuronas ubicadas en el tronco cerebral. Estas neuronas de dopamina forman parte del gran sistema cerebral que controla el aprendizaje por recompensa y liberan dopamina cuando reciben una recompensa inesperada. Las señales de la dopamina se proyectan ampliamente y tienen un efecto poderoso. Esto también afecta la toma de decisiones, e incluso el valor de las entradas sensoriales.

La dopamina no sólo se ocupa de las recompensas inmediatas, sino también de predecir futuras recompensas. Esto te puede motivar a hacer algo que no te recompense ahora, sino que te conduzca a una recompensa mucho mejor en el futuro. Las drogas adictivas aumentan artificialmente la actividad de la dopamina y engañan a tu cerebro para que piense que sucedió algo maravilloso, aunque en realidad sucedió justo lo contrario. Esto es lo que conduce a antojos y dependencia.

La pérdida de neuronas de dopamina produce carencia de motivación y algo llamado anhedonia, que es la pérdida de interés en las cosas que antes te daban placer. La pérdida severa de dopamina causa temblores en reposo, lentitud y rigidez. Esto es lo que se conoce como enfermedad de Parkinson. Finalmente lleva a la catatonia, que es la falta absoluta de movimiento.

La serotonina es un tercer sistema neuromodulador que afecta fuertemente tu vida social. En las manadas de monos el macho alfa tiene el nivel más alto de actividad de serotonina y el macho de menor rango tiene los niveles más bajos. El Prozac, que se prescribe para los casos de depresión clínica, eleva el nivel de actividad de la serotonina. El nivel de serotonina también se asocia al comportamiento arriesgado. Los monos con bajos niveles de serotonina son más arriesgados, al igual que los prisioneros que están en la cárcel por crímenes violentos también tienen los niveles más bajos de serotonina de la sociedad.

Por último, tus emociones afectan fuertemente tu capacidad de aprendizaje. Antes se creía que las emociones estaban separadas de lo cognitivo, pero investigaciones recientes han mostrado que las emociones están entrelazadas con la percepción, la atención e interactúan con el aprendizaje y la memoria.

La amígdala es una estructura con forma de almendra anidada en la base del cerebro, es uno de los mayores centros en los que se integran efectivamente la cognición y la emoción. La amígdala forma parte del sistema límbico, que junto con el hipocampo se involucra en procesar los recuerdos y en la toma de decisiones, así como en la regulación de las reacciones emocionales. Para aprender efectivamente, tienes que mantener feliz a tu amígdala. Las emociones y tus sistemas neuromodulatorios son más lentos que la percepción y la acción, pero no son menos importantes en el aprendizaje.

Si quieres aprender más sobre la acetilcolina, la dopamina y la serotonina, te recomiendo que busques en www.brainfacts.org, que es un sitio web repleto de hechos valiosos sobre el cerebro, aunque está en inglés, pero no es nada que el traductor de Google no pueda resolver.

Capítulo 4
LA MEMORIA

Probablemente no te sorprenderá saber que tenemos un extraordinario sistema de memoria visual y espacial que nos puede ayudar a potenciar el poder de nuestro cerebro. Si te pido que des un vistazo a una casa que nunca has visitado antes, en poco tiempo ya tendrías una idea de la distribución general de los muebles, de dónde están las habitaciones, de los colores de las paredes, e incluso de los colores de las medicinas en el gabinete del baño. En pocos minutos tu mente adquiriría y retendría miles de nuevas piezas de información que se mantendrán en tu cabeza durante semanas. Por otro lado, si sólo te limitaras a leer sobre las características de la casa, probablemente la información que retendrías sería mucho menor.

Nuestros ancestros nunca necesitaron una extensa memoria para recordar nombres ni números, pero sí necesitaban recordar cómo regresar a casa después de salir a cazar por varios días. Las necesidades evolutivas nos ayudaron a consolidar un sistema superior de memoria para recordar dónde están las cosas y cómo lucen.

Para empezar a aprovechar este sistema de memoria

visual, solo debes crear una imagen muy memorable que represente un artículo clave que desees recordar. Una imagen te ayuda a encapsular un concepto aparentemente monótono y difícil de recordar, y conectarlo directamente con los centros espaciales del hemisferio derecho del cerebro.

Este es el principio fundamental en el que se basa una de las mejores técnicas de memorización existentes, llamada el palacio de la memoria, y la aprenderás un poco más adelante, pero ahora veremos los distintos tipos de memoria que posee nuestro cerebro.

Tipos de memoria

Existen dos tipos de memoria: La memoria a largo plazo y la memoria de trabajo. Cuando piensas en tu niñez, estás recurriendo a porciones de tu cerebro que están involucradas con la memoria a largo plazo. Cuando lo que haces es intentar mantener algunas ideas en tu mente para conectarlas con otras ideas de modo de lograr entender un concepto o resolver un problema, estás utilizando tu memoria de trabajo. Evidentemente, a veces llevas cosas de tu memoria de largo plazo hacia tu memoria de trabajo para poder pensar en ello. Entonces, los dos tipos de memoria están relacionados.

Importante: La memoria de trabajo también se conoce como memoria a corto plazo, pero prefiero referirme a ella como memoria de trabajo, ya que para eso la usamos.

En realidad, existen muchas otras formas de memoria, pero para este curso sobre el aprendizaje hablaremos unicamente sobre estos dos sistemas.

Entonces, la memoria de trabajo es la parte de la memoria que tiene que ver con lo que estamos procesando inmediatamente y conscientemente. Está centrada en la corteza prefrontal, aunque como lo veremos después, también existen conexiones a otras partes de nuestro cerebro, de modo que podamos tener acceso a los recuerdos a largo plazo.

Hasta hace relativamente poco tiempo, los investigadores solían pensar que nuestra memoria de trabajo tenía la capacidad para contener alrededor de 7 elementos o fragmentos de información, pero ahora se considera que solo puede contener alrededor de 4 fragmentos de información. Una metáfora útil consiste en pensar en nuestra memoria como si fuera un computador que sólo tiene 4 ranuras para contener información.

Nuestra memoria de trabajo es como un pizarrón, pero no es un pizarrón muy bueno. Muchas veces es necesario repetir lo que estamos intentando aprender para que se quede en nuestra memoria de trabajo, por ejemplo, a veces te repites un número de teléfono hasta que tienes la oportunidad de escribirlo. La repetición es necesaria para que los procesos disipadores naturales de nuestra atención no hagan desaparecer esos recuerdos. Puede ser que incluso cierres los ojos para evitar que otros asuntos se entrometan en tu limitada atención y memoria de trabajo mientras te concentras.

La otra forma de memoria, la de largo plazo, es como un almacén de depósito, y como tal se distribuye en una gran área. Los diferentes tipos de recuerdos a largo plazo se almacenan en diferentes regiones del cerebro. Las investigaciones han demostrado que para convertir un recuerdo de corto plazo en uno a largo plazo, necesitamos visitarlo varias veces para aumentar las probabilidades de volverlo a encontrar posteriormente cuando lo necesitemos. La capacidad de almacenamiento de la memoria a largo plazo es inmensa. Tiene espacio para billones de asuntos. De hecho, puede haber tantos asuntos que se pueden enterrar unos a otros, haciendo difícil que encuentres la información que necesites, a menos que la practiques algunas veces. La memoria a largo plazo es importante porque allí almacenamos los conceptos y técnicas fundamentales que están involucradas en lo que sea que estemos aprendiendo.

Cuando nos encontramos con algo nuevo, a menudo utilizamos nuestra memoria de trabajo para manejarlo. Si deseamos mover intencionalmente esa información a nuestra memoria a largo plazo, hace falta invertir tiempo y práctica. Para ayudar a este proceso se usa la técnica llamada repetición espaciada. Esta técnica involucra repetir lo que estamos intentando retener, pero la clave es la frecuencia. La investigación ha demostrado que si intentamos recordar algo repitiéndolo 20 veces en una noche, por ejemplo, no lo recordaremos tan bien como si practicamos la misma cantidad de veces a lo largo de varios días. Si no permitimos que pase el tiempo necesario para que las conexiones sinápticas se formen y se fortalezcan, no tendremos una estructura base sobre la que construir nuestros recuerdos.

Vivir sin memoria

¿Imaginas cómo sería vivir si no pudieras aprender cosas nuevas, ni recordar a las personas que acabas de conocer? Esto es lo que le sucedió a un paciente muy famoso en los anales de la investigación neurológica, identificado con las iniciales HM.

A los 27 años de edad, a HM lo operaron porque tenía

epilepsia, y le quitaron el hipocampo, que es una estructura ubicada en el interior del lóbulo temporal del cerebro. El hipocampo tiene la forma de un caballo de mar y su nombre proviene del griego hippos, que significa caballo, y kampos, que quiere decir monstruo marino.

La operación a HM fue un éxito, ya que le curó la epilepsia, pero pagó un alto precio. HM perdió la capacidad de recordar cosas nuevas. Quedó profundamente amnésico. Curiosamente, se podía mantener una conversación normal con HM, pero si te ibas de la habitación por unos minutos ya no podía recordarse de ti ni de lo que habían conversado. En la película Memento, el personaje interpretado por Guy Pearce sufría de este tipo de amnesia debido a una conmoción cerebral.

HM podía aprender algunas cosas, como nuevas destrezas motoras, pero luego no podía recordarse de haberlas aprendido. Esto se debe a que hay múltiples sistemas de memoria para diferentes tipos de aprendizaje. A partir del estudio de HM y de otros pacientes con daños neurológicos similares, hemos aprendido que el hipocampo es una parte importante del sistema cerebral para aprender y recordar hechos y eventos.

Sin el hipocampo no es posible guardar nuevos recuerdos en la corteza cerebral (proceso llamado consolidación de la memoria). HM podía recordar cosas de su infancia, pero le costaba recordar cosas que habían ocurrido en los años inmediatamente anteriores a su operación, es decir, cosas que no se habían consolidado completamente. Algo similar sucede cuando las personas sufren una conmoción cerebral, pero eso usualmente se resuelve, a diferencia de HM, que nunca mejoró.

Los recuerdos son partes vivas del cerebro, que respiran y están cambiando todo el tiempo. Nuestros recuerdos están entrelazados entre sí y a medida que aprendemos cosas nuevas, nuestros recuerdos más antiguos cambian. Por lo tanto, siempre que recuerdas un recuerdo, éste cambia en un proceso llamado reconsolidación. Incluso es posible implantar recuerdos falsos que no se pueden diferenciar de los reales, mediante sugerencias e imaginación. Un caso muy interesante del proceso de implantación de recuerdos falsos lo puedes ver en la película *"Regresión"*, protagonizada por Emma Watson y que está basada en hechos reales.

Bien, ahora practicaremos un poco y a continuación veremos mi técnica favorita de memorización: *El palacio de la memoria.*

El palacio de la memoria o el método de Loci

"La memoria es el tesoro y guardián de todas las cosas." - *Marcus Tullius Cicero*

La buena memoria es una capacidad absolutamente necesaria a nivel personal y profesional. En los últimos años se ha popularizado e incluso hay competencias mundiales de memorización donde los competidores tienen que memorizar la mayor cantidad de información dentro de un período de tiempo limitado.

Puedes pensar que estos competidores tienen un cerebro especial, pero la verdad es que cualquier persona tiene el potencial de hacerlo si usa la herramienta adecuada. No tengo ninguna duda de que te sorprenderás de la facilidad con que puedes aumentar tu poder de memoria. Olvídate de lo que otros dicen de la edad, nunca eres demasiado joven ni demasiado viejo para adquirir estas habilidades.

A modo de ejemplo, los siguientes son algunos registros oficiales de los campeonatos mundiales de memorización:

- Simon Reinhard de Alemania logro recordar una baraja de 52 cartas en 21,19 segundos.
- Jonas von Essen de Suecia logró recordar 380 dígitos hablados.
- Ben Pridmore de Inglaterra recordó 28 barajas (1.456 cartas) en una hora y logró recordar 4.140 dígitos de números binarios (cadenas de números formados por 1 y 0) en 30 minutos.
- Un segundo logro para Simon Reinhard es que logró recordar el nombre de 186 personas.
- Johannes Mallow tiene el título por recordar 132 fechas y sus eventos relacionados en cinco minutos y por recordar la secuencia de 492 imágenes abstractas en 15 minutos.

Bueno, creo que ha sido suficiente preámbulo, así que ¡Comencemos!

El Método de Loci es uno de los sistemas de memorización más antiguos y se ha popularizado últimamente por su aparición en series de televisión como Sherlock Holmes. El sistema se basa en el hecho de que es muy fácil recordar cosas que están asociadas a lugares con los que estás familiarizado. Sólo tienes que vincular la información que necesitas recordar con un lugar que ya conozcas muy bien y esto te servirá como una pista para recordar.

Según Cicerón en su *"Rhetorica ad Herenium"*, el sistema fue desarrollado por el poeta Simonides de Ceos, que fue el único sobreviviente de un colapso de un edificio durante una cena, y Simonides logró recordar fácilmente a todos los invitados recordando dónde estaban ubicados.

¿Cómo usarlo?

Para utilizar el Método de Loci es necesario asociar las cosas que deseas recordar con las ubicaciones de una habitación, edificio o calle conocida. Luego, para recuperar la información, simplemente tienes que dar un paseo imaginario por la ubicación y las imágenes aparecerán en tu mente de inmediato. Para aumentar la efectividad de esta técnica, debes visualizar un objeto haciendo algo en la ubicación determinada. A continuación, comprenderás mejor a qué me refiero.

Vamos a construirlo

1. Piensa en un lugar que ya conoces muy bien.

Te recomiendo que utilices una ruta al interior de tu propia casa.

2. Ahora identifica ubicaciones especificas a lo largo de la ruta.

Para nuestro primer ejercicio necesitaremos 10 ubicaciones y una ruta lógica para caminar por ellas. Ten en cuenta que debes tomar siempre la misma ruta, de lo contrario probablemente sólo conseguirás un bloqueo mental cuando quieras recordar. Por ejemplo, piensa en tu casa y en la ruta que sigues desde la puerta de acceso hasta llegar a tu habitación, e identifica 10 objetos o ubicaciones en esa ruta.

Practiquemos.

Memoriza una lista de compras

Aquí tienes una lista de compras sencilla para recordar:

- Tomates
- Té

- Bombilla
- Leche
- Huevos
- Vino
- Jabón
- Tijeras
- Pasta dental
- Helado

Trata de memorizar esta lista colocando cada elemento en una de las ubicaciones de tu ruta mental.

Este es un ejemplo sobre la colocación de los artículos en tu ruta mental:

1. Tomates

Al visualizar la puerta de tu casa, imagina a alguien lanzando tomates en ella. Necesitas crear imágenes vívidas, así que no sólo visualices una imagen, sino que trata de usar todos tus sentidos. Puedes incluso imaginar que algo del jugo se ha salpicado en tu ropa.

2. Té

A medida que entras en tu casa, imagina que accidentalmente has derramado té en el sillón.

3. Bombilla

Imagina una bombilla enorme en una lámpara que cuelga sobre el sillón. Las imágenes más absurdas son más fáciles de recordar.

4. Leche

Imagina una gorda vaca lechera obstaculizando el pasillo que conduce a tu habitación.

5. Huevos

Imagina que entras en tu habitación y ves tu cama totalmente cubierta por huevos, como si fuera un nido gigante.

6. Vino

Imagina que entras al baño, y de la ducha cae vino tibio. Trata de sentir el fuerte olor o el sabor del mismo.

7. Jabón

Imagina una enorme barra de jabón en el lavamanos del baño.

8. Tijeras

Imagina unas tijeras gigantes que se usaron para hacer picadillos las toallas del baño y aún flotan en el aire trozos de tela.

9. Pasta de dientes

Imagina que abres el inodoro, y ves que alguien ha apretado varios tubos de dentífrico en su inodoro.

10. Helado

Imagina que miras la bañera, y está llena de helado. Siente el frío y el olor del helado que contrasta con el vino tibio que cae de la ducha.

Una vez que hayas terminado de colocar todos los artículos de tu lista alrededor de la casa, simplemente empieza de nuevo el recorrido desde la puerta principal. Verás instantáneamente tomates en la puerta, té en el sillón y así sucesivamente. Ten en cuenta que cuanto más inusuales sean las imágenes, más fácil será recordarlas.

Después de familiarizarte con el sistema, puedes construir palacios mucho más grandes y más poderosos, como una calle de tu vecindario, tu escuela, tu lugar de trabajo, o incluso un centro comercial.

Ahora inténtalo tú mismo.

Lista de compras:

- Cebollas
- Cerezas
- Pizza
- Miel

- Pasta
- Aceitunas
- Sal
- Salmón
- Jugo
- Baterías

Lista de quehaceres:

- Leer un libro
- Desear a tu madre un feliz cumpleaños
- Pagar facturas
- Lavar el coche
- Lavar la ropa
- Comprar comestibles
- Enviar un email
- Bañar al perro
- Cortarse el pelo
- Hacer 50 abdominales

En realidad, no recomiendo memorizar listas de tareas pendientes. Existen otras técnicas más efectivas para recordarlas y trabajar en ellas, pero por esta ocasión es un buen ejercicio para practicar. Asegúrate de crear imágenes inusuales que recordarás instantáneamente.

La primera vez que lo hagas será lento. Toma algún tiempo conjurar una imagen mental sólida, pero mientras más lo hagas, más rápido será. Un estudio demostró que una persona promedio que use la técnica del palacio de la memoria puede recordar hasta el 95% de una lista de 40 artículos después de sólo dos caminatas mentales de práctica.

Los puristas pueden pensar que usar trucos extraños de

memorización no representa un verdadero aprendizaje, pero lo que importa es el resultado, y las investigaciones demuestran que los estudiantes que usan este tipo de trucos obtienen mejores resultados que los que no los usan.

Los trucos de memoria te permiten expandir tu memoria de trabajo y mejorar el acceso a la memoria de largo plazo. Es más, el proceso de memorizar en sí mismo se convierte en un ejercicio de creatividad. Mientras más memorices usando esta técnica, más creativo te volverás, ya que de esta forma estás construyendo extrañas e inesperadas conexiones neuronales.

Capítulo 5
FRAGMENTACIÓN

Los fragmentos son paquetes compactos de información a los que tu mente puede acceder con facilidad. En este capítulo hablaremos sobre cómo puedes formar esos fragmentos y cómo los puedes utilizar para mejorar tu comprensión y creatividad. También hablaremos sobre las ilusiones de competencia en el aprendizaje, que ocurren cuando usas métodos ineficaces de aprendizaje que engañan a tu mente y te hacen creer que estás aprendiendo algo cuando en realidad estás perdiendo el tiempo.

¿Qué es fragmentar?

Fragmentar es el proceso mental que te ayuda a unir pedazos de información a través del significado. Si piensas en un rompecabezas, un fragmento es una pieza de este rompecabezas. Un fragmento es una unidad lógica que es fácil de recordar y también es fácil que ese fragmento pase a formar parte de la imagen más grande de lo que estás aprendiendo.

Si solo intentas memorizar un hecho sin comprensión o

contexto, no entenderás realmente lo que está sucediendo ni cómo el concepto se ajusta a otros elementos que estés aprendiendo. Es como tener una pieza de rompecabezas sin bordes que engranen o se ensamblen con otras piezas.

Ya hablamos sobre la memoria de trabajo y una de sus funciones principales es la de enfocar la atención para conectar partes y unir ideas, es decir, nos ayuda a crear fragmentos. Es interesante que cuando estamos estresados, nuestro cerebro comienza a perder la capacidad para hacer algunas de estas conexiones. Lo mismo ocurre cuando estamos enojados o atemorizados.

En neurociencia se dice que los fragmentos son piezas de información que se vinculan a través del significado o uso. Por ejemplo, podemos tomar las letras R, C, O, y K y vincularlas en un fragmento conceptual fácil de recordar. En este caso sólo te estoy ofreciendo letras sueltas para recordar, pero probablemente tu cerebro creó la palabra ROCK. Debajo de ese fragmento ROCK, hay una sinfonía de neuronas que se disparan y se unen en un brillante enlace mental que cementa en tu mente la relación entre las letras R, C, O, K y otras ideas. Ese brillante enlace mental es lo que conocemos como huella de memoria, que está conectado, por supuesto, a muchas otras huellas de memoria relacionadas.

Por lo tanto, un fragmento es una red de neuronas que suelen dispararse juntas para que puedas tener un pensamiento o realizar una acción eficazmente. La práctica enfocada, la repetición y la creación de huellas de memoria, nos ayudan a crear fragmentos. El camino hacia la experiencia se construye poco a poco a medida que los fragmentos pequeños se van haciendo más grandes al conectarse mediante el significado con otros fragmentos.

Una vez que haces un fragmento de una idea, un

concepto o una acción, ya no necesitas recordar todos los pequeños detalles subyacentes. Tienes la idea principal, el fragmento, y eso es suficiente. Una vez que te haces consciente de esta característica del funcionamiento de tu cerebro, es sorprendente cuando te das cuenta del complejo espiral de actividades subyacentes que se llevan a cabo a partir de un simple fragmento de pensamiento.

Veamos un ejemplo. Si estás aprendiendo a tocar una canción en guitarra, la representación neural de la canción en tu mente puede considerarse como un gran fragmento. Primero tienes que captar pequeños trozos de la canción que se convierten en pequeños fragmentos, los que a su vez se van uniendo y formando fragmentos más grandes. En resumen, creas pequeños mini fragmentos neurales que después puedes ir tejiendo gradualmente en fragmentos neurales más grandes. Después puedes unir esos fragmentos grandes convirtiéndolos en fragmentos aún más grandes y más complejos a los que podrás recurrir en cualquier instante.

Los mejores fragmentos son los que están tan bien incrustados que ni siquiera tienes que pensar conscientemente en conectarlos para formar el patrón neural. De hecho, ese es el punto en que las ideas, movimientos y reacciones complejas se convierten en un fragmento único. Puedes ver esto en el aprendizaje de idiomas. Muchas veces, cuando estás empezando a aprender un nuevo idioma, hace falta mucha práctica sólo para lograr usar el matiz, tono y acento apropiados de una única palabra, y luego para encadenar oraciones improvisadas se requiere la capacidad de mezclar creativamente varios mini fragmentos y fragmentos complejos del nuevo idioma. Para que entiendas lo que quiero decir, intenta repetir y recordar el siguiente trabalenguas en el idioma de Kannada (hablado en India):

"Terikere yri male muru kari kurimari meyuthiddavu".

No es fácil, ¿Cierto? A menos de que seas hablante nativo de Kannada, seguramente tendrás problemas para recordar más de tres palabras, porque no tienes ningún fragmento en tu cerebro con los que conectar esta nueva información.

Aprender matemáticas y ciencias involucra el mismo enfoque. Cuando estás aprendiendo un nuevo material de matemáticas y ciencias, a menudo tendrás disponibles los problemas con sus soluciones explícitas. Tendrás todos los detalles ahí, y sólo tienes que reconocer por qué se dieron los pasos de esa forma. Sin embargo, existe una desventaja al usar problemas ya solucionados para empezar a formar fragmentos, y es que puede ser demasiado fácil concentrarse en la memorización de los pasos individuales en vez de ver la conexión entre los pasos. Es decir, nos olvidamos de pensar en **por qué** este paso individual es lo siguiente que hay que hacer para llegar a la solución.

A continuación veremos los 3 pasos para formar fragmentos.

Proceso de 3 pasos para fragmentar

Paso 1:

El primer paso para crear fragmentos es simplemente concentrar toda tu atención en la información que quieres fragmentar. Si tienes la televisión haciendo ruido en el fondo, o si cada pocos minutos revisas tu teléfono o tus correos electrónicos, se te hará muy difícil crear fragmentos, porque tu cerebro en realidad no se está concentrando en fragmentar el nuevo material.

Cuando empiezas a aprender algo, estás creando nuevos patrones neurales y conectándolos con patrones preexistentes que están desperdigados por muchas áreas del cerebro, y cuando estás distraído tu cerebro no puede guardar todo lo que necesitas porque está usando sus limitadas ranuras de memoria de trabajo en otros pensamientos.

Paso 2:

El segundo paso para fragmentar consiste en entender la idea básica o la esencia de lo que estás intentando fragmentar, ya sea que se trate de entender la conexión entre los elementos básicos de la trama de una historia, entender el principio económico de la oferta la demanda, o comprender la esencia de un tipo particular de problema matemático. Puedes entender la esencia de las cosas de manera bastante natural si permites que tus modos de pensar enfocado y difuso se turnen para ayudarte a entender lo que está sucediendo. Entender es el proceso de crear huellas de memoria y enlazarlas con otras huellas de memoria adyacentes.

¿Puedes crear un fragmento si no entiendes la esencia? Sí, pero muchas veces será un fragmento inútil que no se ajustará ni se relacionará con otra información que estés aprendiendo.

Dicho esto, es importante darse cuenta de que sólo entender *"cómo"* se resolvió un problema no crea necesariamente un fragmento al que posteriormente puedas recurrir fácilmente. No confundas un progreso en la comprensión con experiencia sólida. Sólo por ver una obra de arte que hizo otra persona no quiere decir que puedas crear esa obra de arte tú mismo. Sólo porque lo ves o incluso porque lo entiendes, no quiere decir realmente que lo puedas hacer. Con frecuencia te darás cuenta de que la primera vez que de verdad entiendes algo es cuando lo haces por ti mismo. Sucede igual en muchas disciplinas. Si estás intentando aprender algún tema relacionado con matemática y ciencias, cierra el libro y ponte a prueba para ver si puedes resolver por ti mismo el problema que crees que entiendes. Esto acelerará tu aprendizaje y te ayudará a crear los patrones neurales que están por debajo de la verdadera maestría.

Un secreto para fragmentar las ideas básicas consiste en no enfrentar los problemas complejos directamente. Primero dedícate a entender profundamente las ideas simples. Enfoca tu atención en lo que es realmente importante. Se brutalmente honesto con lo que sabes y con lo que no sabes. Encuentra lo que falta, identifica los vacíos y llénalos. Olvida tus prejuicios y nociones preconcebidas.

Si estas estudiando la historia de la humanidad, en vez de memorizar algunos hechos destacados (cuando inició la primera guerra mundial, cuando terminó, etc.), intenta comprender la historia de fondo, las motivaciones de las civilizaciones, la importancia de los recursos naturales, y la evolución de los valores sociales.

Puedes comprender mejor cualquier cosa si aplicas este principio. Los verdaderos expertos profundizan continuamente en su dominio de los conceptos básicos. En todo lo que hagas, refina tus habilidades y conocimientos sobre los conceptos fundamentales y los casos simples. Una vez nunca es suficiente. A medida que revises los fundamentos, encontrarás nuevas perspectivas. Podría parecer que volver a revisar lo básico es un retroceso y requiere tiempo y esfuerzo adicional, sin embargo, al construir bases sólidas podrás ver que tus habilidades se desarrollan más rápidamente.

"Si no puedes resolver un problema, entonces existe un problema más fácil que no puedes resolver: Encuéntralo". - George Polya

Vamos a practicar. Considera algo que quieras aprender o un área en la que quieras mejorar y entender mejor. Invierte 5 minutos para escribir los componentes específicos de ese tema. Ahora elige unos de los elementos de esa lista y pasa 30 minutos mejorando activamente tu dominio de ese ítem. Observa cómo trabajar en lo básico hace posible que lleves tu conocimiento a niveles superiores. Aplica este ejercicio a cualquier cosa que creas saber o que quieras aprender.

Por ejemplo, si quisieras aprender economía básica:

Primero: Haz una tormenta de ideas de todos los elementos relacionados a ese tema. Por ejemplo, maximizar utilidades, oferta y demanda, equilibrio entre la oferta y demanda, etc. Probablemente en este punto tu lista sea incompleta, lo que está muy bien.

Segundo: Mejora tu conocimiento sobre la *"oferta y demanda"*. Por ejemplo, *"entiendo el significado de las curvas de oferta y demanda. El eje horizontal es la cantidad y el eje vertical es el precio. Entiendo por qué la curva de la demanda baja a medida que avanzamos a la derecha, mientras que la curva de la oferta sube hacia la derecha. Sé que el equilibrio es el punto en que se intersectan esas dos curvas, pero no entiendo lo que significa el área de la izquierda del gráfico cuando el precio de la demanda es mayor al precio de la oferta."*

Observa que he identificado una falta de conocimiento en una idea básica. Ahora ya sé en lo que debería comenzar a trabajar. Una sólida comprensión de las ideas básicas te permitirá progresar mucho más rápido en el futuro. La profundidad con que domines las ideas básicas de un tema influenciará cuán bien aprenderás en el futuro.

Ahora hazlo tú. ¿Realmente entiendes las ideas básicas del tema que quieres dominar? Abre un documento en blanco en tu computador, o usa papel y lápiz. Sin buscar en fuentes externas, haz un resumen detallado de los fundamentos del tema. ¿Puedes escribir una descripción coherente, precisa y comprensiva sobre los fundamentos? ¿Tienes vacíos de conocimientos? ¿Te cuesta encontrar ejemplos para representar los fundamentos? ¿No puedes juntar todas las piezas para crear una imagen panorámica?

Ahora compara tu esfuerzo con fuentes externas (libros, internet, expertos). Cuando detectes debilidades en tu comprensión, toma acción inmediata. Aprende metódicamente los fundamentos y conecta las partes que ya comprendes.

Repite esta práctica regularmente a medida que aprendas conceptos más avanzados del tema, y guarda los ejercicios anteriores para que posteriormente puedas ver cuánto has avanzado. Cada regreso a las ideas básicas profundizará tu comprensión del tema en general.

Paso 3:

El tercer paso para la fragmentación es entender el contexto, de modo que veas no sólo cómo, sino también cuándo usar ese fragmento. Contexto quiere decir ir más allá del problema inicial y ver con más amplitud, repetir y practicar con problemas relacionados y no relacionados, de modo que puedas ver no sólo cuándo usar el fragmento, sino también cuándo no usarlo. Esto te ayuda a ver cómo tu fragmento recién formado se ajusta al panorama más grande.

En definitiva, la práctica te ayuda a ampliar la red de neuronas que están conectadas a tu fragmento, asegurando que no sólo esté firme, sino que también sea accesible desde muchos senderos diferentes.

Existen dos procesos de fragmentación. El proceso de fragmentación que va desde arriba hacia abajo (desde lo general a los detalles) y el que va desde abajo hacia arriba (desde los detalles hacia lo general).

En el proceso de fragmentación que va de abajo hacia arriba, practicar y repetir te puede ayudar a construir y fortalecer cada fragmento, de modo que puedas acceder a él siempre que lo necesites. Por otro lado, el proceso de arriba hacia abajo te permite ver lo que estás aprendiendo y dónde se puede usar. Ambos procesos son vitales para dominar el material que quieres aprender.

Decimos que el *"contexto"* es el factor que une ambos procesos de fragmentación. Por ejemplo, la fragmentación puede implicar que aprendas a usar cierta técnica para solución de problemas, y el contexto significa aprender cuándo usar esa técnica y no otra. Por ejemplo, para hacer uso de este conocimiento cuando lees un libro, una buena práctica consiste en darle un vistazo de dos minutos a un capítulo antes de empezar a estudiarlo, viendo las imágenes y los títulos de las secciones, lo que te permitirá formar una idea del panorama general, luego aprende primero los conceptos o puntos importantes. Generalmente éstas son las partes clave del esquema de un buen libro, de los diagramas de flujo, tablas o mapas conceptuales. Una vez que hayas hecho esto, llena los detalles. Aunque falten algunas de las piezas del rompecabezas cuando termines de estudiar, podrás disponer del panorama general.

Entonces, para resumir, los fragmentos se construyen mejor con la atención concentrada, entendiendo la idea básica, y practicando para que domines el tema y tengas una idea del contexto y del panorama general. Éstos son los pasos esenciales para crear un fragmento y para ajustar ese fragmento en una visión conceptual más grande de lo que estás aprendiendo.

El valor de una biblioteca de fragmentos

La capacidad de combinar fragmentos de maneras nuevas y originales es la base de muchas innovaciones históricas. Bill Gates y otros líderes reservan extensos períodos de tiempo para la lectura y para la reflexión. Esto los ayuda a generar sus propios pensamientos innovadores al permitir que las ideas que aún están frescas en su mente desarrollen conexiones neuronales. Básicamente, lo que hacen para potenciar su conocimiento y ganar experiencia es construir fragmentos gradualmente en su mente y luego juntarlos de nuevas maneras creativas.

Los maestros del ajedrez, por ejemplo, pueden fácilmente recurrir a miles de patrones diferentes de ajedrez. Los músicos, lingüistas y científicos pueden acceder a fragmentos similares de conocimiento de sus propias disciplinas. Mientras mejor y más entrenada esté tu biblioteca mental de fragmentos, cualquiera que sea el tema que estás aprendiendo, más fácilmente podrás resolver problemas y descifrar soluciones.

Los fragmentos también te pueden ayudar a entender conceptos nuevos, porque cuando captas un fragmento, encontrarás que ese fragmento puede estar relacionado de maneras sorprendentes con incluso fragmentos de otros campos. Esto se llama transferencia.

Por ejemplo, los conceptos y métodos para solucionar problemas que hayas aprendido en física pueden ser muy similares a conceptos fragmentados en administración, o bien algunos aspectos del aprendizaje de un nuevo idioma pueden ser muy útiles cuando estás aprendiendo programación web.

Si tienes una biblioteca de conceptos y soluciones interiorizados como patrones fragmentados, tal como un jugador de ajedrez tiene interiorizadas las respuestas a ciertas jugadas, puedes pensar en ellos como una colección o como una biblioteca de patrones neurales. Cuando estás intentando descifrar algo, si tienes una buena biblioteca de estos fragmentos, puedes ir *"saltando"* hacia la solución correcta al escuchar (metafóricamente hablando) los susurros de tu modo difuso. Tu modo difuso te puede ayudar a conectar dos o más fragmentos de maneras diferentes para resolver problemas nuevos.

Cada vez que construyes un fragmento, éste llena una parte de tu paisaje de conocimientos, pero si no practicas con estos fragmentos recientes, irán perdiendo intensidad y será más difícil visualizar el paisaje completo de lo que estás intentando aprender. Cuando estás construyendo una biblioteca de fragmentos, no sólo estás entrenando a tu cerebro para que reconozca un concepto específico, sino diferentes tipos de conceptos, de modo que sepas automáticamente cómo resolver o manejar rápidamente lo que encuentres. Pronto comenzarás a notar que aparecen en tu mente diversos patrones para la resolución de problemas.

Capítulo 6
TÉCNICAS DE APRENDIZAJE ACELERADO

Antes de continuar, es importante que reconozcas que el aprendizaje no progresa lógicamente, es decir, no va agregando cada día un paquete de información adicional a tu conocimiento. A veces te topas con una pared cuando estás construyendo tu entendimiento y las cosas que antes tenían sentido repentinamente pueden parecer confusas. Este tipo de colapso del conocimiento ocurre cuando tu mente está restructurando tu entendimiento y construyendo una base más sólida. Por ejemplo, en el caso de los estudiantes de idiomas, estos experimentan períodos ocasionales en los que el idioma extranjero de pronto parece totalmente incomprensible.

Recuerda que toma tiempo asimilar el nuevo conocimiento. Atravesarás inevitablemente por algunos períodos en los que parecerá que estás retrocediendo en vez de avanzar en la comprensión de un material. Éste es un fenómeno natural que significa que tu mente está luchando profundamente con el material, pero descubrirás que cuando emerges de estos períodos de frustración temporal, tu base de conocimiento dará un paso sorprendente hacia adelante.

Dicho esto, a continuación veremos un par de técnicas que te ayudarán a potenciar tu habilidad de aprendizaje.

La mejor forma de aprender un material escrito

Uno de los métodos más utilizados para intentar aprender el material escrito es simplemente leerlo en repetidas oportunidades, pero el psicólogo Jeffery Karpicke ha demostrado que este método en realidad es mucho menos productivo en comparación a otra técnica muy sencilla.

La técnica es muy simple y consiste sencillamente en *"recordar"*. Después que has leído el material, simplemente mira hacia otro lado y verifica lo que puedes recordar del material. La investigación de Karpicke, publicada en el Journal Science, presenta evidencias sólidas en esa línea. Los sujetos estudiaron un texto científico y lo practicaron recordando la mayor cantidad de información que pudieron. Luego volvieron a estudiar el texto y volvieron a recordar. Es decir, intentaron una vez más recordar las ideas clave.

Los resultados fueron que en la misma cantidad de tiempo, con sólo practicar y recordar el material, los estudiantes aprendieron más y a un nivel más profundo que con todos los demás métodos, incluyendo volver a leer el texto varias veces o dibujar mapas conceptuales. Este aprendizaje mejorado se evaluó cuando los sujetos presentaron exámenes formales, y también cuando se pusieron a prueba ellos mismos informalmente.

Esto nos dice algo importante. El proceso de recordar por sí mismo potencia el aprendizaje profundo, y nos ayuda a comenzar a formar fragmentos. Es casi como si el proceso de recordar ayudara a construir pequeños ganchos neurales en los que podemos colgar nuestros pensamientos.

Parece ser que la relectura sólo es efectiva si dejas que pase algún tiempo entre lecturas, de modo que se convierta en un ejercicio de repetición espaciada.

Igualmente, te sorprenderá saber que debes ser muy cuidadoso cuando uses la técnica de resaltar y subrayar el texto que estás intentando comprender. De lo contrario, no sólo es ineficiente, sino que puede ser engañoso. Es como si el haber hecho movimientos con tu mano te hiciera creer que colocaste el concepto en tu cerebro. Esto es lo que se conoce como una *"ilusión de aprendizaje"*. Si vas a marcar el texto, primero intenta encontrar las ideas principales antes de marcar algo y subraya o resalta lo mínimo posible (como máximo una oración por cada párrafo).

Por otra parte, es una idea muy buena escribir notas en el margen resumiendo conceptos clave. Jeff Karpicke, el mismo investigador que hizo el importante estudio relativo al recuerdo, también investigó la importancia de tomar notas. La razón por la que a las personas nos gusta releer los libros que estamos estudiando, es porque tener el libro abierto nos da la ilusión de que el material también está en nuestros cerebros. Esta es otra ilusión de aprendizaje.

Esto nos dice que sólo querer aprender el material, y dedicarle mucho tiempo a hacerlo, no garantiza que en realidad lo aprendamos. Una manera muy útil para asegurarte de que estás aprendiendo y no engañándote con ilusiones de aprendizaje, es ponerte a prueba a ti mismo con respecto a lo que estés estudiando. De algún modo eso es lo que haces al recordar. Es permitirte ver si en realidad captaste o no una idea. Si cometes un error al hacerlo, en realidad es algo muy positivo. Por supuesto, no es bueno repetir los errores, pero es muy valioso cometer errores en tus pequeñas auto evaluaciones, porque te permiten hacer mejoras y corregir tu pensamiento.

Los errores son grandes maestros y resaltan los vacíos y defectos en tu conocimiento. También te muestran qué es lo que debes hacer a continuación. Los errores y las fallas no son signos de debilidad, sino que son oportunidades del éxito futuro. A menudo un error es una revelación de una falla en una pieza de información básica de conocimiento. Cuando te sientas estancado y no sepas que hacer, entonces comete errores específicos que te pongan en una posición diferente y mejor que cuando comenzaste.

El siguiente es otro consejo muy útil que no sólo se aplica al aprendizaje de material escrito: Refresca el material aprendido fuera de tu lugar usual de estudio. No te das cuenta, pero cuando estás aprendiendo algo nuevo a menudo tomas pistas subliminales de la habitación donde estabas y el espacio que te rodeaba en el momento en que estabas aprendiendo originalmente ese material. Esto te puede desorientar cuando intentas aplicar tus conocimientos en un ambiente totalmente distinto. Recordar y pensar en el material cuando estás en diversos ambientes físicos te permite independizarte de las pistas subliminales del lugar del aprendizaje original.

En el siguiente capítulo aprenderás una de las mejores técnicas de aprendizaje acelerado que utilizo con los temas más importantes que quiero aprender, *la técnica Feynman*.

La técnica Feynman

Esta técnica de aprendizaje lleva el nombre de Richard Feynman, uno de los físicos más famosos del mundo, y tiene cuatro pasos que agrupan lo que hemos visto hasta ahora sobre el proceso de fragmentación.

APRENDE COMO EINSTEIN: TÉCNICAS DE ...

Paso 1: Elige tu concepto

La técnica de Feynman es ampliamente aplicable, así que en este caso elegiremos un concepto para ejemplificar esta sección: Supongamos que queremos entender los conceptos básicos de la gravedad.

Paso 2: Anota una explicación del concepto en lenguaje sencillo

¿Es fácil o difícil escribir una descripción del concepto? Este es el principal paso de esta técnica, porque te va a mostrar exactamente lo que entiendes y lo que no entiendes del concepto. Intenta explicarlo en un lenguaje simple, pero preciso, de forma que alguien que no sabe nada sobre el concepto también lo entienda.

¿Puedes hacerlo?, o vas a recurrir a decir *"Bueno, ya sabes ... ¡la gravedad es la gravedad!"* Este paso te permite ver tus puntos ciegos y donde tu explicación comienza a desmoronarse. Si no puedes realizar este paso, claramente no sabes tanto sobre el concepto como pensabas.

Paso 3: Encontrar los puntos ciegos

Si no pudiste encontrar una forma simple de explicar la gravedad en el paso anterior, entonces está claro que tienes grandes lagunas en tu conocimiento. Este es el momento en que debes investigar más y encontrar una manera de describir la gravedad en términos sencillos. Es posible que llegues a algo como: *"La gravedad es la fuerza que hace que los objetos de mayor masa atraigan a los objetos de menor masa."*

Ser capaz de analizar la información y expresarla en términos sencillos demuestra el conocimiento y la comprensión. Si no puedes resumir el concepto en una frase, entonces aún tienes puntos ciegos que necesitas resolver. Este paso hace un uso intensivo del proceso de fragmentación que vimos anteriormente, por lo que te recomiendo que en este momento intentes recordarlo para afianzar tu conocimiento.

Paso 4: Utiliza una analogía o una metáfora

Por último, crea una analogía o una metáfora para el concepto. Hacer analogías entre dos conceptos requiere una comprensión de las principales características de cada uno. Este paso demostrará si verdaderamente entiendes el concepto a un nivel más profundo. Puedes verlo como la verdadera prueba de tu comprensión y descubrir si aún dispones de puntos ciegos en tu conocimiento.

Este paso también conecta la nueva información con información ya existente y te permite crear un modelo mental de trabajo para comprender con mayor profundidad el tema en cuestión.

Ahora piensa en cualquier tema importante para ti y comienza a aplicar esta técnica. Como puedes ver, la técnica Feynman es una forma muy rápida de descubrir lo que sabes y lo que crees que sabes, y te permite afianzar rápidamente tu base de conocimientos.

Capítulo 7
CÓMO OPTIMIZAR TU CEREBRO

Optimizar el cerebro se refiere al hecho de que tu cerebro funciona como un motor, y como tal, existen maneras de hacer que funcione a niveles óptimos. Las siguientes son sencillas maneras de mejorar tu bienestar mental.

Hacer nada

El *"Burn out"* es un término muy común en la actualidad y se refiere al estado en el que caemos cuando exprimimos hasta la última gota de disfrute de nuestras vidas debido al estrés y a la auto exigencia excesiva para cumplir con todo lo que se nos exige.

Irónicamente, este exceso de compromiso rápidamente se convierte en contraproducente porque muy pocas personas tienen una batería física y mental que pueda funcionar de esa manera. En cuanto a lo que esto significa para tu cerebro, la fatiga afectará tu claridad de pensamiento. Sin embargo, lo que es menos obvio es que desconectarse de todo y no hacer nada en absoluto puede ser en realidad un camino hacia una mayor creatividad y perspicacia.

El pensamiento es inherentemente agotador y exigente con la mente, y se caracteriza porque el cerebro emite ondas beta. Por otra parte, la relajación y la falta de atención se caracteriza porque el cerebro emite ondas alfa.

¿Con qué se asocian las ondas alfa? Los estudios realizados por el profesor Flavio Frohlich, entre otros, han demostrado que las ondas alfa están asociadas con una mejor memoria, con el pensamiento creativo, y con la felicidad. Tal vez esa sea la razón por la que la práctica de la meditación se haya popularizado en estos días. Quienes intencionadamente se ralentizan y se ponen en un estado de liberación de ondas alfa, experimentan un aumento de la felicidad y la satisfacción con la vida en general. Las personas de mejor desempeño a nivel mundial mencionan la meditación como una parte vital de su rutina.

Cuando te relajas y no haces nada en absoluto, entras en un estado que permite que tu mente divague, y también se renueva y se recarga de energía. Si necesitas un descanso, resiste la tentación de encender el televisor y buscar una película en Netflix. Simplemente mirar una pared en blanco o el cielo podría ser un mejor uso de tu tiempo.

Dormir también es una buena alternativa. La falta de sueño afecta a todo, desde la cognición, la memoria, hasta la velocidad del pensamiento (Killgore, 2010). Se ha demostrado que la falta de sueño tiene un impacto negativo en las funciones cognitivas como la atención y la memoria de trabajo. La actividad en el hipocampo aumenta cuando la gente entra en sueño profundo, y se cree que esta actividad es el método del cerebro para la transferencia de información desde la memoria de trabajo hacia la memoria de largo plazo.

Los ritmos circadianos

Los ritmos circadianos son cambios físicos, mentales y conductuales que siguen un ciclo de 24 horas y que responden principalmente a la luz y a la oscuridad. En otras palabras, tu ritmo circadiano es el ciclo biológico que dicta cómo adaptarse a un día de 24 horas y controla cuando te sientes somnoliento, cuando quieres despertar, y cuando estás en tus picos más altos de energía (estado de alerta). Es imposible permanecer en estado de alerta las 24 horas del día, por lo que el cuerpo ha aprendido a elegir cual es el mejor momento para entrar en ese estado.

¿Por qué esto es importante para un mejor rendimiento? Piénsalo de esta manera: tu pensamiento será mucho más eficaz y eficiente si puedes hacer tu trabajo más difícil cuando estás en tu mejor momento.

Los estudios han demostrado que las personas tienden a experimentar el pico de su estado de alerta mental aproximadamente al medio día y luego a las 18:00 horas cada día, y finalmente llegan a su punto más bajo de energía aproximadamente a las 3:30 am (Taylor & Francis, 2000). Por lo tanto, tiene sentido hacer las tareas que requieren la mayor cantidad de creatividad, ingenio y pensamiento alrededor de los picos diarios de energía, y reservar las tareas fáciles para cualquier otro momento.

Debes aprender a tomar ventaja de cuando tu cerebro está en su mejor momento de forma natural. Sin embargo, podrías estar pensando que eres un pájaro nocturno. Eso podría ser verdad, y por lo general se debe a una diferencia genética entre las personas (Ptacek, Universidad de California). Sin embargo, lo importante aquí es que independientemente de si eres un pájaro nocturno o diurno, sigues teniendo picos y valles de alerta mental. Este tipo de programación circadiana también se aplica a tus picos físicos, que casualmente coinciden más o menos con los picos mentales (Smolensky, Universidad de Texas, Austin).

Alimenta correctamente a tu cerebro

Se ha demostrado que los ácidos grasos omega 3 ayudan al funcionamiento del cerebro y son biológicamente beneficiosos para las neuronas que componen nuestras células cerebrales. El 60% del cerebro humano es grasa (Chang CY, 2009), por lo que se puede decir que los ácidos grasos omega 3 contribuyen en gran medida a la integridad estructural del cerebro. Los ácidos grasos omega 3 contienen EPA y DHA, que actúan como antiinflamatorios en el cerebro y el cuerpo. La principal fuente de este tipo de grasa saludable es a través de pescados grasos como el salmón, sardinas, truchas, o bien a través de suplementos.

Tal vez más importante y fundamental que los ácidos grasos omega 3, es simplemente permanecer tan hidratado como sea posible. Estudios han demostrado que si no estás hidratado, los tiempos de reacción de tu cerebro disminuyen hasta en un 14% (Universidad de East London, 2013). Cuando estás sediento, tu cerebro está literalmente ocupado evitando la inanición.

Otros estudios demuestran que si tienes sólo un 1% de deshidratación, es probable que experimentes hasta un 5% de disminución de la función cognitiva. Esa tasa de disminución agrava cuanto más te deshidratas. El agua también es esencial para la entrega de nutrientes al cerebro y para la eliminación de toxinas. Cuando el cerebro está completamente hidratado, el intercambio de nutrientes y toxinas será más eficiente, lo que garantiza una mejor concentración y estado de alerta mental.

Baja tu nivel de estrés

Mantener bajos los niveles de estrés y ansiedad no sólo te hará una persona más feliz en general, sino que te permitirá seguir pensando con claridad.

El cuerpo libera una hormona llamada cortisol como una reacción al estrés, la ansiedad y el miedo. El cortisol aumentará tu presión arterial para mantenerte tenso, debido a que tu cuerpo detecta que hay una amenaza que puede causar daño corporal. Sin embargo, también se ha demostrado que el cortisol mata las células cerebrales y causa envejecimiento prematuro (Daniela Kaufer, 2014). Tus células cerebrales destinadas para el aprendizaje y la función de la memoria sufren bajo el estrés y la ansiedad.

Finalmente, el estrés crónico reduce los niveles de dos neurotransmisores críticos: la serotonina y la dopamina. Podrás reconocer estos neurotransmisores porque típicamente están relacionados con las drogas recreativas, ya que están vinculados con el placer y el éxtasis. ¿Qué ocurre cuando sufres escases de estos neurotransmisores? Tu cerebro empieza a parecerse al de una persona con depresión (Tafet, 2001).

Controla el estrés para controlar tu capacidad intelectual. El estrés nos hace perder la perspectiva de nuestras vidas, nos hace olvidar los aspectos positivos y nos centramos principalmente en los pequeños aspectos negativos. La mayoría de las veces basta con detenernos por un momento y pensar con lógica acerca de nuestros factores de estrés, y verás que serán olvidados dentro de la jornada. Esencialmente, el estrés es nuestra propia creación.

En el siguiente capítulo hablaremos de algunos mitos que probablemente han interferido en el desarrollo de tu potencial y posteriormente aprenderás cómo aumentar la eficiencia de tu lectura.

Capítulo 8
DESTRUYENDO MITOS

Dedicaremos algunos minutos a hablar de algunos de los más grandes mitos sobre la capacidad de pensar mejor y aumentar tus capacidades cognitivas. Se han creado industrias enteras para satisfacer los deseos de las personas para aumentar la funcionalidad y eficacia de su cerebro con el mínimo tiempo y esfuerzo posible. Sin embargo, a medida que leas, muchas de las promesas que hayas escuchado o leído al respecto se desmoronarán.

La industria de la salud y el acondicionamiento físico es una analogía perfecta, porque las personas están constantemente tratando de encontrar maneras revolucionarias de perder la mayor cantidad de peso, mientras que al mismo tiempo hacen la menor cantidad de trabajo. Por lo general, conocemos la trayectoria real tenemos que tomar, pero ese suele ser el camino de la mayor resistencia. Tal vez este capítulo te servirá como un recordatorio de que no hay atajos cuando se trata de pensar y aprender mejor. Así que, sin más preámbulos, comencemos.

El efecto Mozart

Sin lugar a dudas esta es una de las creencias más comunes. Se dice que el rendimiento mental y la cognición aumenta mientras se escucha una de las piezas del famoso compositor Wolfgang Amadeus Mozart.

Es una proposición emocionante creer que sólo mediante la introducción de un estímulo auditivo puedes aumentar tu capacidad intelectual, incluso si es sólo por ese período de tiempo. Sería como tomar una píldora que te hace inteligente y te permite superar tus capacidades normales. Esa es la razón por la que la gente ha adoptado este mito y lo ha convertido en una industria multimillonaria.

El efecto Mozart se originó en un estudio realizado en 1993 por el francés Rauscher y sus colegas de la Universidad de California. El estudio dividió a los participantes en tres grupos y previamente se les hizo una prueba de inteligencia espacial para determinar sus puntuaciones iniciales. Un grupo escuchó 10 minutos de Mozart, el segundo grupo escuchó 10 minutos de ruido blanco, y el tercer grupo estuvo 10 minutos en silencio absoluto. Sorprendentemente, el grupo que escuchó Mozart obtuvo nueve puntos más en el mismo test de inteligencia, lo que representaba un incremento enorme.

Estudios posteriores han tenido como objetivo reproducir los resultados de Rauscher, pero con resultados muy variados. En la gran mayoría de los casos se reportó que no hubo ninguna mejora en las capacidades cognitivas. De hecho, algunos estudios informaron que escuchar a Mozart antes o durante las tareas cognitivas provocó una caída en el rendimiento intelectual.

Se han propuesto varias teorías de por qué hubo una

mejoría en el primer estudio, que van desde que ese tipo de música esencialmente pone al cerebro en un estado de excitación para un mejor pensamiento, o que la música imita el ritmo natural de un determinado conjunto de ondas cerebrales llamadas trions. Sin embargo, nada se ha verificado, ya que los resultados nunca han sido consistentemente reproducibles.

Desde la perspectiva del espectador ocasional, no tiene sentido que Mozart pueda mejorar las facultades cognitivas, a menos que estés estudiando música clásica. En realidad, la reproducción de música probablemente sólo sirva para distraer a alguien, especialmente si disfruta de ese tipo de música. Sin embargo, vale la pena decir que el efecto Mozart puede ser un mito, pero dio lugar a una interesante área de estudio que sí ha proporcionado resultados reproducibles. La investigación sugiere que existen dos señales auditivas que efectivamente aumentan tu rendimiento cerebral.

En primer lugar, en un estudio realizado el 2013 por científicos alemanes de la Universidad del Centro Médico-Hamburg Eppendorf, encontraron que el *ruido blanco*, el sonido *"shhhh"* que hace la televisión cuando está con estática, puede mejorar tu concentración al bloquear las distracciones con eficacia.

En segundo lugar, la música que se puede tocar de fondo y que es esencialmente similar al ruido blanco, se ha demostrado que también mejora la concentración (Anderson, 2010). En resumen, la música que es constante, repetitiva y un poco aburrida, permite el bloqueo del ruido ambiente eliminando la distracción.

En cualquier caso, en este punto está claro que Mozart, Beethoven o Bach no ayudan a aprender o a pensar mejor. Incluso te pueden sabotear, así que debes ser consciente de lo que escuchas cuando te quieres concentrar.

La inteligencia es importante en el aprendizaje

La inteligencia es un término muy, muy nebuloso. Por ejemplo, las pruebas de IQ pretenden medir la inteligencia, pero sólo consideran un pequeño conjunto de métricas muy específicas que se creía que se traducían en inteligencia. Las pruebas clásicas de IQ miden cosas como el ingenio, el pensamiento lateral, la capacidad de ver patrones y de hacer conexiones.

Estas son buenas cualidades, pero como podrás suponer, no son exactamente lo que calificaría a alguien como inteligente. En las pruebas de IQ no se toman en consideración una compleja gama de factores.

A los efectos del aprendizaje, nadie es más inteligente ni mejor que nadie. El aprendizaje es algo que todos hacemos desde niños, y es realmente una cuestión de trabajo, atención y de la aplicación de algunos de los principios que fueron cubiertos en este libro y que llevarán tu capacidad de aprendizaje al siguiente nivel, y no tu talento innato o inteligencia.

Tu inteligencia general y tu capacidad de aprendizaje se miden verdaderamente por muchos otros factores distintos a los que pueden verse reflejados en los resultados de cualquier prueba. Tú puedes aprender tan bien como cualquier otra persona, y si alguien parece entender algo más rápidamente, simplemente es porque está procesando la información de manera diferente.

El fracaso es malo

En realidad, los estudios han demostrado que el fracaso es una de las mejores maneras de aprender. Este concepto se llama *"fallo productivo"* y fue acuñado por un investigador de la Universidad de Singapur, quien realizó un estudio con dos grupos de estudiantes en el que los maestros ayudaron al primer grupo a encontrar las respuestas a su conjunto de problemas, mientras que el segundo grupo no recibió ayuda, pero se les permitió colaborar entre ellos.

El segundo grupo no respondió correctamente a ninguno de los problemas, pero como resultado de trabajar juntos pudieron analizar diferentes enfoques y lograron una comprensión mucho mayor. Cuando los grupos fueron comparados en términos de lo que habían aprendido, el segundo grupo *"superó significativamente"* al primero.

¿Qué nos dice esto sobre el aprendizaje?

Nos dice que simplemente mostrar a alguien la respuesta y asegurarse de que no falle es un enorme daño para su aprendizaje. El proceso de encontrar respuestas es lo que verdaderamente ayuda a nuestro sentido de aprendizaje.

El estudio de Singapur también identificó tres condiciones específicas que promovieron el fracaso productivo. Primero, el fracaso es mejor cuando promueve una sensación de desafío y compromiso versus frustración. La frustración, por supuesto, es la sensación de que no vas a ninguna parte, por lo que tiene que haber un sentido de progreso y logro para que el fracaso sea productivo.

En segundo lugar, el fracaso es mejor cuando los estudiantes tienen la oportunidad de pensar y narrar lo que están haciendo. A menudo, pensar en voz alta conduce a soluciones que no habrían aparecido de otra manera.

En tercer lugar, el fracaso es mejor cuando los estudiantes tienen la oportunidad de comparar las soluciones que funcionan con las soluciones que no funcionan. De esta forma reconoces las banderas rojas del fracaso y ganas intuición cuando algo parece bien o mal.

Recuerda el viejo dicho *"Da a un hombre un pez y comerá por un día, pero enséñale a pescar y comerá toda su vida."* Permite que el fracaso sea parte de tu arsenal de herramientas para mejorar tu capacidad de aprendizaje en general.

Ajedrez

El ajedrez ha sido aclamado como un trampolín para una mayor inteligencia. Es visto como una actividad noble, y mucho más que un simple juego de mesa, ya que pone a prueba el pensamiento estratégico. Muchos padres mantienen la tendencia de obligar a sus hijos a jugar al ajedrez basado en la creencia de que los posiciona mejor para la vida posterior. Esto podría ser cierto en el sentido de que están aprendiendo un juego que consiste en el pensamiento estratégico, pero hay muy pocos datos que indiquen que el ajedrez por sí mismo incrementa las capacidades cognitivas.

Sin embargo, jugar al ajedrez puede contribuir al desarrollo de las habilidades individuales, por lo que no puede decirse que no tiene valor. Si te dedicas a aplicar y transferir esos conocimientos a otras áreas de la vida, entonces es posible ver mejoras debidas al ajedrez, pero en el vacío, el ajedrez es simplemente un juego divertido.

Para llegar a ser un buen jugador de ajedrez debes mejorar tu:

- Memoria
- Habilidad de reconocimiento de patrones
- Concentración y el enfoque
- Habilidad para resolver problemas
- Habilidad de planificación y previsión

Estas son habilidades valiosas, y el desarrollo de estas habilidades te hará un pensador mucho más eficaz. Sin embargo, sería inexacto anunciar que el ajedrez por sí solo te hace más inteligente.

Más estudio es mejor

Seguramente habrás visto a personas que estudian todo el día y la noche antes del examen también para meter en sus cerebros toda la información que puedan. ¿Acaso una mayor cantidad de horas dedicadas a estudiar es el mejor método de retención de información? No siempre.

El exceso puede ser perjudicial para tu aprendizaje y memoria. Los estudios han demostrado que la técnica conocida como repetición espaciada es mucho más eficaz para el aprendizaje y la memoria.

Esto significa que el cerebro es como un músculo, y simplemente necesita tiempo para recuperarse y hacer conexiones neuronales para la información que ha consumido. También significa que si exageras y quemas tus pestañas estudiando, estás perdiendo el tiempo tratando de aprender más de lo que tu cerebro puede manejar en ese momento y entonces experimentas el fenómeno donde te encuentras leyendo el mismo párrafo una y otra vez sin comprender.

Por último, este mito pone un énfasis en la memorización en perjuicio de la comprensión y el análisis. Recuerda lo siguiente: Más no es mejor, más inteligente es mejor.

Sólo soy una persona de cerebro izquierdo

Existe un mito de que, dado que los hemisferios cerebrales tienen ciertas inclinaciones hacia la creatividad o hacia la lógica, la gente debe orientar su aprendizaje a atender estas diferencias. Por ejemplo, se supone que las personas del hemisferio derecho del cerebro son más creativas, fluidas y despreocupadas, mientras que las personas del hemisferio izquierdo del cerebro son más lógicas, analíticas y deliberadas. Sin duda puede ser un mito romántico, pero no significa que aprendes con un solo hemisferio y que debes usar ese hemisferio exclusivamente.

Ambos hemisferios cerebrales están involucrados en casi todos los procesos mentales, pero ¿Qué significa esto para ti? Sólo porque eres más artístico o más analítico no significa que debes ignorar las otras partes de la vida. Puedes ser igual de bueno en cualquier área de la vida, así que no permitas que el mito del hemisferio dominante te impida explorar otras áreas.

Entrenamiento cerebral

El año 2008, la psicóloga Susanne Jaeggi publicó un innovador estudio que mostraba que el trabajo con programas de entrenamiento cerebral aumenta la inteligencia medida por el coeficiente intelectual, y que la gente podría aumentar su coeficiente intelectual en un punto por cada hora de entrenamiento. Estos resultados podrían potencialmente cambiar la vida de las personas. El estudio prendió como fuego, e indirectamente condujo a la creación de empresas como Cogmed y Lumosity, que venden programas de entrenamiento cerebral con promesas impresionantes, como la mejora de la memoria para prevenir la aparición de la enfermedad de Alzheimer.

Otro estudio que apareció el año 2014, cortesía del profesor Adam Gazzaley de la Universidad de California en San Francisco, promocionaba los beneficios de un videojuego de entrenamiento cerebral llamado *"NeuroRacer"*. Se suponía que este programa ayudaba a los adultos a conservar sus facultades mentales a medida que envejecían. De hecho, se reportó que después de la práctica, las personas en el estudio mejoraron su rendimiento en el juego al nivel de compararse con un joven de 20 años.

Sin embargo, a pesar del hecho de que los sujetos mostraron grandes mejoras en los juegos, ¿Qué significaba para las tareas del mundo real? Esto es similar al ajedrez, en el que podrías mejorar ciertas habilidades individuales dentro del juego, pero no tienen ningún significado para la capacidad mental real. Se ha demostrado consistentemente en este campo que cuando la gente practica una tarea, empieza a mejorar solo en esa tarea. Por lo tanto, es una exageración decir que los juegos de entrenamiento cerebral aumentarán tu inteligencia.

Por cierto, tanto Cogmed como Lumosity se han visto afectados por múltiples demandas por publicidad falsa, y recientemente Lumosity fue condenada a pagar una enorme multa de 50 millones de dólares por perjudicar a los consumidores, lo que la empresa no ha sido capaz de pagar.

Contra intuitivamente, el ejercicio físico ha demostrado ser beneficioso para la mejora del funcionamiento cognitivo. En la Universidad de Illinois, el psicólogo Arthur Kramer señaló que los ejercicios aeróbicos expanden el volumen del hipocampo y de la corteza prefrontal. El ejercicio aeróbico produce cambios bioquímicos relacionados con las hormonas que, literalmente, aumentan la potencia de tu cerebro. Debido a todas las complejidades a las que queremos atribuir la mejora de nuestro cerebro, a veces ignoramos la respuesta más obvia que se encuentra frente a nuestras caras.

Capítulo 9
LECTURA EFICIENTE

Es imposible hablar de aprendizaje acelerado sin hablar también de técnicas de lectura eficiente. Imagina cuánta más información podrías absorber si aumentaras tu velocidad de lectura en un 300%. Sin lugar a dudas, ser un mejor lector es una ventaja para un mejor aprendizaje, sobre todo considerando que la mayor parte de tu consumo inicial de información será a través de la palabra escrita.

Tu capacidad de lectura tiene tres componentes: la velocidad, la eficiencia y la retención. A continuación, veremos cada una.

Importante: Este capítulo no intenta ser un curso de lectura veloz. Existen libros completos que cubren esa temática, por lo tanto, en este capítulo sólo te brindaré las pautas que utilizo personalmente para una lectura más eficiente.

Velocidad

Para la mayoría de las personas leer demasiado rápido puede resultar en una reducción de la comprensión. Sin embargo, hay algunas pequeñas mejoras que puedes hacer para incrementar continuamente la velocidad para que lo que antes tardabas días en leer ahora lo puedas leer en solo horas.

Sub vocalizaciones

El primer consejo para aumentar tu velocidad de lectura es disminuir las sub vocalizaciones que utilizas. Una sub vocalización es algo que probablemente estás haciendo en este momento. Es cuando te hablas mentalmente y escuchas las palabras que estás leyendo. Es un hábito que es prácticamente innecesario, aunque es útil cuando deseas incrementar la comprensión.

El hecho es que tenemos la capacidad de entender y procesar las palabras más rápido de lo que las podemos decir o escuchar. Poner fin, o al menos disminuir tu diálogo interno mientras lees te ayudará en gran medida a incrementar tu velocidad de lectura.

Agrupar palabras

El segundo consejo para aumentar la velocidad de lectura es la práctica de la lectura de más de una palabra a la vez. La lectura palabra por palabra es lenta y poco eficiente e incluso puede reducir la comprensión porque te centras en la palabra y no la redacción del contexto o el significado del texto. Es el caso clásico de ver los árboles y no ser capaz de ver el bosque. Te recomiendo que comiences practicando la lectura de dos palabras a la vez. Esto requiere algo de esfuerzo, pero cuando comienzas a hacerlo, rápidamente te das cuenta que no es necesario leer cada palabra individualmente. Puedes pensar en las dos palabras como una contracción. Cuando te sientas cómodo con dos palabras, puedes pasar a tres y cuatro palabras, hasta que finalmente puedas ver una frase de diez palabras y reducirla a dos frases de cinco palabras. Ese es el objetivo final: ser capaz de sintetizar frases como lo harías con las palabras individuales.

Foco visual

El tercer consejo para aumentar tu velocidad de lectura es mejorar tu foco visual. Constantemente perdemos nuestra concentración y tenemos que releer frases e incluso párrafos enteros, porque nos distraemos con lo que está sucediendo en otras partes. Esto es enormemente perjudicial para tu velocidad de lectura. La forma más sencilla de mejorar tu enfoque visual consiste en usar un marcador de posición o un puntero, tal como lápiz o incluso el dedo. Dale a tus ojos una pauta para seguir y por donde fluir, y te van a seguir. De esta forma mantendrás el ritmo y evitarás tener que releer.

Eficiencia

Esta técnica requiere un cambio de paradigma respecto a lo que se nos ha enseñado sobre leer un libro. Tradicionalmente se nos ha dicho que debemos leer los libros secuencialmente, de principio a fin, y creo que esa es la principal causa de por qué nos desagrada tanto leer. Comenzamos a leer, nos obligamos a leer de acuerdo a la secuencia establecida por el autor y si no encontramos lo que necesitamos nos aburrimos, pero nos forzamos a seguir leyendo y finalmente terminamos con una sensación de haber perdido el tiempo si es que el autor no cumplió lo que prometió. De esta forma, la próxima vez lo pensaremos dos veces antes de comenzar a leer otro libro.

La idea principal de la técnica que compartiré contigo es que los libros de no ficción, los artículos e incluso las entradas de blog tienden a tener solamente una o dos ideas principales y la mayoría de los textos tienen una sección de *"conclusión"* que resume la totalidad de sus hallazgos. El resto del contenido es por lo general estudios de casos, anécdotas, ejemplos, diferentes maneras de plantear un concepto único y presentación de evidencias para respaldar una afirmación.

¿De qué nos sirve saber esto?

Podemos utilizar este hecho para leer de forma extremadamente eficaz. Tu trabajo al leer consiste en encontrar esas grandes ideas y tratar de eliminar el resto. Esto significa que en realidad no necesitas leer un libro secuencialmente de principio a fin. Sé que suena contra intuitivo, pero eso en realidad es un error y una pérdida de tiempo si quieres aprender de manera más eficiente.

Hay tres pasos para aplicar esta técnica:

Paso 1:

El primer paso consiste en pasar tres minutos simplemente *"hojeando"* la tabla de contenido, la introducción y el resumen del libro o la contraportada. Piensa en esto como prelectura del libro, y, de hecho, en este paso podrías ser capaz de captar las ideas fundamentales del libro.

Paso 2:

El segundo paso consiste en pasar aproximadamente siete minutos ojeando el libro nuevamente, pero con mayor profundidad. En este paso lees los dos primeros párrafos de cada capítulo para encontrar las grandes ideas de cada capítulo, y las grandes piezas de evidencia que apoyan a esas ideas. Si ves que viene una historia o anécdota, es una señal de que te debes saltar ese contenido, ya que por lo general es sólo para ilustración. Durante este paso, también puedes tomar nota de las secciones que leerás con más detalle en el siguiente paso.

Paso 3:

El tercer paso consiste en pasar veinte minutos leyendo secciones específicas del libro en mayor detalle. En este punto ya debes conocer las grandes ideas del libro, y ahora estás en busca de aclaración y de lo que cada capítulo aporta a las grandes ideas. Examina las partes destacadas del paso anterior y léelas con mayor detalle. A continuación, termina este paso mediante la síntesis de lo que has leído y resúmelo en cinco puntos principales, con tres ideas clave para cada uno (como máximo).

En este punto ya debes tener una idea muy clara del contenido del libro y sólo te tomó treinta minutos. Si careces de claridad acerca de cierto concepto, entonces sabes exactamente dónde buscarlo.

Retener más

Mejorar la retención de lo que se lee es mucho más fácil de lo que crees. El problema es que la mayoría de la gente ve la lectura como una actividad bastante pasiva, como si sólo bastara con sentarse y leer para que tu cerebro interiorice la información. Sin embargo, así no es cómo funciona el cerebro.

Para mejorar la retención y la comprensión es necesario hacer de la lectura una tarea proactiva. El mejor tipo de lectura es cuando lees con un propósito, ya que te mantendrá enfocado y alerta en cuanto a la información que estás procesando.

Leer con un propósito también te ayuda a desarrollar preguntas para dar sentido a la información y hacer más conexiones neuronales. Por ejemplo, te puedes preguntar:

- ¿De qué manera este punto se relaciona con el objetivo del libro?
- ¿Qué acabo de aprender?
- ¿Por qué esto es importante?
- ¿Cuáles son las deficiencias de este texto?
- ¿Cuál es el argumento en contra de esta idea?
- ¿Cómo puedo resumir lo que acabo de leer?

Si eres es capaz de procesar activamente estos pensamientos durante tu lectura, retendrás mucho más porque la información no será sólo un conjunto de hechos, sino que habrás creado una serie de conexiones neuronales con otras ideas y contextos. Esta es la diferencia entre oír un montón de notas musicales sueltas y escuchar una sinfonía.

Una de las mejores formas de sintetizar y retener mejor la información consiste en tratar de predecir lo que sucederá a continuación, o lo que ocurrirá como consecuencia de lo que acabas de leer. Para hacer una conjetura informada se requiere un nivel de pensamiento y comprensión que va más allá de la lectura pasiva. No tienes que hacer una predicción correcta, sino que lo importante es pensar en lo que has leído, tratar de crear patrones y analizarlos.

Por último, para mejorar la retención, te recomiendo empezar por el final. Esto quiere decir que revises el libro en un orden diferente al orden en que consumiste inicialmente la información, por ejemplo, partir por la conclusión y terminar con la introducción.

Pero ¿Cuál es el objetivo de empezar por el final?

Cuando se lee algo continuamente en el mismo orden, se crean patrones que solidifican la información, pero sólo en ese orden y contexto específico. Es similar a escuchar una lista de canciones en el mismo orden, una y otra vez. Con el tiempo todo se fundirá en una canción larga, y podrás recordar y predecir la siguiente canción basándote en la canción actual, pero fuera de ese orden y contexto es posible que no seas capaz de recordarlas.

Cuando lees sin un orden, por lo general te aproximas a la información en diferentes contextos y ángulos, lo que aumenta drásticamente la tasa de retención. Es como crear una imagen en tres dimensiones en lugar de una imagen plana.

Capítulo 10
LA MEJOR MANERA DE CONVERTIRSE EN UN EXPERTO

¿Cuál es la mejor manera de convertirse en un experto en algo? ¡Practicando! Para disgusto de muchos, la práctica es de hecho la única manera de mejorar y aumentar tu nivel de experiencia, incluso si previamente tienes un talento innato. Sin embargo, al igual que con el aprendizaje en general, hay maneras que son más efectivas y eficientes de practicar.

La práctica a veces puede ser difícil de cuantificar, ya que por lo general pensamos que se refiere a simplemente repetir una acción o hacer algo una y otra vez hasta que nos sentimos mejor al respecto. Si bien esto es cierto, este acercamiento es demasiado vago y no conduce a una experiencia significativa, ya que no hay propósito o un sistema que lo respalde. Fue así como surgió el concepto de *"práctica deliberada"*.

La práctica deliberada es un término acuñado por John Hayes de la Universidad Carnegie Mellon. En resumen, John establece que la mejor forma de practicar es dividir tu objetivo principal en numerosas sub habilidades que contribuyen a la meta. Entonces, en lugar de trabajar en el objetivo principal, lo que puede ser abrumador, te centras en cada sub habilidad y las llevas hasta el punto de competencia, una a la vez.

Por ejemplo, hay muchas sub habilidades implicadas si deseas tocar una pieza de violín a nivel experto. Debes trabajar la fuerza de los dedos, la velocidad, la dinámica, la presencia en el escenario, la memorización, etc. La práctica deliberada consiste en aislar cada una de las sub habilidades y trabajar en forma individual hasta que las domines.

La práctica deliberada es el arte de dominar las habilidades más pequeñas que contribuyen a tu objetivo general. La práctica deliberada también te enseña a analizar la meta hacia la que estás trabajando y lo que necesitas hacer para llegar a ella. Esta forma de trabajo te permite determinar con mayor precisión tus puntos débiles y fuertes.

Un estudio de Robert Duke en la Universidad de Texas, analizó a un grupo de pianistas que tenían que aprender una pieza compleja y tomó nota de sus hábitos de aprendizaje. Al poco tiempo las estrategias principales se hicieron evidentes.

La clave de los mejores pianistas fue la forma en que manejaron sus problemas y debilidades. No eran innatamente mejores o cometieron menos errores al principio del estudio, pero analizaron lo que necesitaban mejorar y trabajaron en esos puntos específicos. Se aseguraron de no cometer los mismos errores y aprendieron a identificar lo que tenían que hacer para mejorar la forma en que tocaban la pieza en su conjunto.

No enfrentes las situaciones difíciles

No me mal interpretes. Los grandes científicos, pensadores y resolvedores de problemas no resuelven problemas difíciles.

Cuando se enfrentan con una pregunta dantesca, entienden rápidamente que no tiene sentido desperdiciar energía con la complejidad, cuando por el contrario pueden enfrentar productivamente los casos más simples que les enseñaran como tratar con la complejidad.

Aplica esta mentalidad a tu propio trabajo y a tu práctica deliberada. Cuando enfrentes un problema difícil o un desafío, haz algo distinto. Enfócate totalmente en resolver un sub problema que sepas como resolver. Ten la total confianza que el esfuerzo que inviertas a resolver el sub problema luego te permitirá navegar por las complejidades del problema mayor. No saltes de cabeza a un problema complejo sin antes trabajar en un sub problema.

Capítulo 11

RESUMEN

Aprender a utilizar la memoria de forma más disciplinada y al mismo tiempo creativa ayuda a aprender a enfocar la atención y a crear extrañas conexiones neuronales, lo que genera recuerdos más fuertes. A continuación veremos las ideas clave que hemos cubierto hasta aquí.

Hablamos sobre dos sistemas principales de memoria que se involucran en la capacidad para fragmentar conceptos. El primer sistema es la memoria a largo plazo, que es como un almacén. Hay que practicar y repetir para almacenar la información en la memoria a largo plazo y así poder recuperarlos más fácilmente. Es una mala idea practicar y repetir, todo en un día. Hay que extender la práctica durante varios días.

El segundo sistema es la memoria de trabajo, que es como un pizarrón de mala calidad que se desvanece rápidamente. Sólo se pueden retener unos cuatro elementos de información en la memoria de trabajo.

Estamos equipados con sistemas sorprendentes de memoria visual y espacial. Puedes aprovechar esos sistemas para mejorar tu memoria. Para comenzar a aprovechar tu sistema de memoria visual, intenta crear una imagen muy memorable que represente un elemento clave que desees recordar. Puedes ir más allá de sólo ver e intentar sentir, escuchar e incluso oler algo que estés intentando recordar. Mientras más graciosa y evocativa sea la imagen, mejor.

Otra clave para la memorización es la técnica del palacio de la memoria, que consiste en colocar imágenes memorables en una escena que te sea familiar. Esta técnica te permite sumergirte en tu sistema de memoria visual, lo que te brinda una forma particularmente poderosa de agrupar las cosas que deseas recordar.

Al usar técnicas de memorización estarás reforzando tu biblioteca mental para convertirte en un verdadero maestro del material que estés aprendiendo.

Aprendimos que los fragmentos son trozos de información que se agrupan por el uso y por el significado. Puedes imaginar un fragmento como a una red centellante de neuronas que sintetizan ideas y se conectan entre sí como si fueran piezas de un rompecabezas.

La mejor manera de construir fragmentos es entendiendo la idea básica con atención, concentración y practicando para ayudar a profundizar tus patrones y ayudarte a visualizar el contexto más amplio. Una de las mejores maneras de ayudar al proceso de fragmentación consiste simplemente en intentar recordar los puntos clave de lo que has estudiado. Esta práctica ayuda a construir ganchos neurales. También es bueno intentar recordar el material en lugares diferentes al lugar donde aprendiste originalmente el material, de modo que se arraigue más profundamente y se pueda acceder a él independientemente de dónde te encuentres.

La transferencia es la idea de que un fragmento que has

dominado en un área te puede ayudar a aprender mucho más fácilmente fragmentos de información de áreas diferentes.

También es importante aprender a reconocer cuándo te estás engañando a ti mismo creyendo que realmente estás aprendiendo el material. Esto es lo que se conoce como ilusiones de aprendizaje. Ponte a prueba con frecuencia usando auto exámenes para ver si realmente estás aprendiendo el material. Intenta evitar depender demasiado de resaltar el texto cuando estás leyendo, ya que te puedes auto engañar creyendo que el material se está almacenando en tu cerebro, cuando eso no es cierto.

Los errores son buenos durante el aprendizaje. Te permiten captar las ilusiones de aprendizaje. Evita practicar sólo las cosas fáciles, que solo te harán sentir la ilusión de que has dominado el material. Finalmente, recuerda practicar deliberadamente.

Capítulo 12
CONCLUSIÓN

En este momento tienes una mejor idea de lo que tienes dentro de tu cabeza y puedes usar esa información para aprender cosas nuevas durante el resto de tu vida. Espero que a medida que pasen los días continúes usando algunas de las ideas clave que has aprendido en este libro.

Espero que hayas aprendido algo que realmente puedas enseñar a otros. Enseña estas ideas y encontrarás que continuarán resonando y profundizándose en tu propia mente.

También espero que hayas descubierto lo poderosas que pueden ser estas ideas para ampliar tus intereses y pasiones. Muchas personas creen que las cosas que inicialmente se les hacen fáciles son las únicas que deben hacer en la vida, pero la realidad es que las pasiones pueden ampliarse, cambiar y crecer. El mundo está evolucionando y disponer de herramientas que te permitan aprender efectivamente es uno de los activos más poderosos que puedes tener.

Lo que comenzó con un intento equivocado de hablar con una chica de mi clase, se convirtió en una búsqueda incesante de las mejores formas para mejorar mi habilidad de aprendizaje y memorización. Espero que tomes estas lecciones y las utilices para crear un cambio positivo en tu vida. Recuerda que no será fácil al principio, pero con un poco de esfuerzo te darás cuenta de que tienes entre tus manos potentes y efectivas herramientas para aprender y memorizar mejor.

ACERCA DEL AUTOR

Steve Allen es un pseudónimo que comencé a utilizar cuando empecé a escribir sobre mi vida en mi blog personal a modo de terapia. Lo hice así porque quería mantener un velo de anonimato, y prefiero mantenerlo de esa manera. Quizás nos hayamos cruzado en la calle o incluso nos conozcamos personalmente, y eso me emociona enormemente. Siempre he escrito sobre las herramientas y técnicas que he utilizado personalmente para lograr el tipo de éxito que he deseado en mi propia vida y es lo que comparto en mis libros.

Me he dedicado por más de 12 años a la observación del comportamiento humano y he encontrado que de todas las cualidades que caracterizan a la persona de éxito, la más importante son sus patrones de pensamiento y su actitud. Prestigiosas instituciones como la Universidad de Harvard, la Fundación Carnegie y Stanford Research Institute han demostrado que solo un 15% de las razones por las cuales una persona triunfa en su vida personal y profesional tienen que ver con sus habilidades técnicas y sus conocimientos profesionales, mientras que el otro 85% tiene que ver con sus patrones de pensamiento, su nivel de motivación y su capacidad para ponerse en acción. Y eso es precisamente lo que enseño.

Algunos dirán que hablar de desarrollo personal es vender humo, y más aún usando un pseudónimo, pero permíteme asegurar que todo lo que comparto contigo me ha llevado de ser una persona solitaria viviendo en la casa de mis padres, a vivir en medio de la naturaleza, en un verdadero paraíso en la tierra, con la mujer de mis sueños, con una vida social agradable y con una situación financiera tal que no tengo que levantarme cada mañana a trabajar para otra persona. ¿Dejaré de hacer lo que me ha traído todas estas cosas y de ayudar a los miles de lectores que me siguen porque alguien que piensa que tiene un intelecto superior trata de mostrar lo equivocado que estoy al no usar mi nombre real? Yo creo que no.

Aclarado ese punto, quiero que sepas que llegaste a mis libros por un motivo, y es que el universo te quiere dar un empujón para despertarte a tu verdadero potencial, para liberarte y para entrar espectacularmente en tu vida. En mis trabajos comparto mis estrategias de pensamiento para que puedas comenzar a desarrollar desde ese preciso momento una actitud mental que te llevará al éxito, así que te invito a tomar asiento en primera fila como mi invitado de honor mientras te guío a través de este viaje de descubrimiento sobre tus pensamientos, tu actitud mental y el éxito.

Nos vemos pronto!

Made in the USA
Las Vegas, NV
20 September 2023